“一带一路”背景下江西外语教育规划及主要沿线国家语言政策研究

李立 著

· 本书受南昌师范学院学术著作出版基金、南昌师范学院“青蓝学者”项目资助。

WUHAN UNIVERSITY PRESS
武汉大学出版社

图书在版编目(CIP)数据

“一带一路”背景下江西外语教育规划及主要沿线国家语言政策研究/李立著.—武汉：武汉大学出版社,2023.12

ISBN 978-7-307-23756-8

Ⅰ.一…　Ⅱ.李…　Ⅲ.外语教学—教育规划—研究—江西　Ⅳ.H09

中国国家版本馆 CIP 数据核字(2023)第 234705 号

责任编辑:李晶晶　　责任校对:鄢春梅　　版式设计:马　佳

出版发行：**武汉大学出版社**　(430072　武昌　珞珈山)

(电子邮箱：cbs22@ whu.edu.cn　网址：www.wdp. com.cn)

印刷:湖北云景数字印刷有限公司

开本:720×1000　1/16　印张:13.75　字数:204 千字　插页:1

版次:2023 年 12 月第 1 版　　2023 年 12 月第 1 次印刷

ISBN 978-7-307-23756-8　　定价:68.00 元

前言

2023年是“一带一路”倡议提出的10周年。2013年9月和10月，习近平总书记在哈萨克斯坦和印度尼西亚发表演讲时，先后提出“共建丝绸之路经济带和21世纪海上丝绸之路”倡议。推进“一带一路”建设，需要语言搭桥、铺路。语言相通是“一带一路”所有愿景和规划实施的基础和保障，而“一带一路”倡议也为国内高校外语语种的开设和外语学科建设带来了重要机遇。在过去十年中，国内各高校主动对接“一带一路”倡议的需求，纷纷增设“一带一路”沿线国家语种专业，非通用语种因此获得了重大的发展机遇。“一带一路”倡议在给我国外语学科发展带来了重大机遇的同时，也对外语人才培养提出了新的要求。随着我国日益走向世界舞台的中央，传统的以语言技能为主的人才培养模式已不能适应时代发展的需求。外语学科的转型势在必行。在新形势下，精通对象国语言，具有国际视野，通晓国际规则，能够参与国际事务和国际竞争的国际化人才成为高校外语专业人才培养的新目标。

本书是一部以江西省为研究对象，探讨通过对外语教育的重新规划来服务江西“一带一路”建设的专著。本书在“一带一路”建设的大背景下，创造性地从区域国别研究的视角出发，对江西省外语专业的语种布局、外语人才培养模式、课程设置、主要沿线国家的语言政策和规划等多个方面进行全面、系统研究，在研究视角和研究内容上均有创新。

本书秉承立足江西、服务江西的宗旨，以区域国别研究的视角考察和分析新形势下江西省外语教育规划问题。全书分为上下两篇，上篇主要关注语言规划概念、理论以及江西省的关键外语需求，江西省外语人才培育的现状、短板及对策。下篇主要关注江西省参与“一带一路”建设的主要沿线国家的语言政策与规划。通过上下两篇的研究对江西省参与“一带一路”的外语教育规划情况进行全方位、多角度的分析。

本书通过对江西省政府在过去5年出台的江西省参与“一带一路”建设重点项目清单的文本分析，从不同领域入手，以具体项目为依托，统计和研究得出江西省参与“一带一路”建设所需的7种关键外语，分别是英语、俄语、法语、印尼语/马来语以及柬埔寨语、阿拉伯语、德语。研究发现，目前江西高校外语语种设置与“一带一路”建设对外语语种的需求不匹配，省内目前还没有高校开设印尼语/马来语、阿拉伯语这两种重要的区域通用语言。另外，江西高校在外语学科建设也存在明显短板，江西迄今为止还没有一所高校建有外语专业的博士点。在硕士学科点建设中，也只有英语、日语和德语三个语种的硕士学位授权点。

在人才培养模式上，江西高校目前仍以语言技能训练和“英语+”复合型人才培养模式为主，没有根据“一带一路”建设对外语人才需求的变化，实现从“外语通”到“外国通”的转型。在区域国别学蓬勃发展的大背景下，江西高校要用区域国别学的理念对外语人才培养模式进行重构，在课程设置中增设区域国别学的相关课程，尤其是增设与“一带一路”沿线区域和国家相关的内容，在师资队伍上储备区域国别研究人才。

本书下篇主要分析江西参与“一带一路”建设重要沿线地区和国家的语言政策和规划，具体包括欧盟、东盟两个区域性组织以及非洲三国，即赞比亚、肯尼亚和马达加斯加。欧盟奉行语言平等和多语主义。所有欧盟成员国的官方语言自动成为欧盟的官方语言和工作语言，且所有语言均享有平等地位。在外语教育上，欧盟要求每个公民都要学习除母语以外的两门外语。东盟是我国的近邻以及江西最大的贸易伙伴。英语在东盟国家中占有重要地位，是东盟唯一的官方语言，这点与欧盟存在较大差异。此外，东盟国家也非常重视本土语言和文化的开发和保护。

非洲国家在江西“一带一路”建设中扮演了重要的角色。赞比亚、肯尼亚是对接江西“一带一路”海外项目最多的两个非洲国家，而马达加斯加是江西与非洲国家进行教育合作的典范。以上三个国家和非洲绝大多数国家一样，在独立后都面临着官方语言的选择问题。赞比亚曾经是英国的殖民地，在独立后仍然选择英语这门殖民语言作为该国唯一的官方语言以及唯一的教学媒介语。与赞比亚不同的是，肯尼亚的语言政策经过了几十年的发展后，2010 年的新宪法明确规定，本土斯瓦西里语为第一官方语言，英语为第二官方语言。马达加斯加在宪法中明确规定马达加斯加语为其民族语言，官方通用语为法语。但法语在其国民心中仍然拥有较高的地位。

服务“一带一路”建设，外语学科大有可为。本书从区域国别学的视角出发，对江西省外语教育的方方面面进行了系统的研究和分析。在区域国别学进入新的发展阶段后，必将更加有力地推动外语学科的转型，从而为“一带一路”建设提供更加有力的支撑和服务。

目　录

导　论

第一节　研究背景与选题意义

“一带一路”(The Belt and Road，缩写 B&R)是“丝绸之路经济带”和“21 世纪海上丝绸之路”的简称。2013 年 9 月和 10 月，中国国家主席习近平在对哈萨克斯坦以及印度尼西亚进行国事访问期间，先后提出共建“丝绸之路经济带”和“21 世纪海上丝绸之路”的重大倡议，得到国际社会高度关注。“一带一路”倡议实施 10 年来，取得了丰硕的成果。“一带一路”倡议是一个开放、包容的体系，随着时间的推移，世界上越来越多的国家加入到“一带一路”体系中，其惠及国家数呈逐年上升趋势。截至 2023 年 6 月底，中国已与五大洲的 150 多个国家、30 多个国际组织签署了 200 多份共建“一带一路”的合作文件。①

“一带一路”建设，离不开语言保障。有专家指出：“语言文化融通是‘一带一路’建设的基础工程、先导工程和民心工程。”②2015 年，国家发展改革委、外交部、商务部联合发布的《推动共建丝绸之路经济带和 21 世纪海上丝绸之路的愿景与行动》指出：“‘一带一路’建设的核心内容是‘政策沟通、设施联通、贸易畅通、资金融通、民心相通’。”而语言相通则是实

① 中华人民共和国国务院新闻办公室．共建“一带一路”：构建人类共同命运体的重大实践[M]．北京：人民出版社，2023：20.

② 赵世举．“一带一路”建设的语言需求及服务对策[J]．云南师范大学学报(哲学与社会科学版)，2015(4)：37.

现这“五通”的最重要基础之一。① “一带一路”倡议共涉及沿线100多个国家，涉及几十种官方语言以及少数民族语言。因此，研究和掌握“一带一路”沿线国家使用的语言使用情况和语言政策，是“一带一路”倡议顺利实施的重要保障。与此同时，“一带一路”倡议的提出也为我国高校外语人才培养、外语语种设立、外语学科发展带来了新的机遇，提出了新的要求。在此背景下，国内各地高校纷纷结合本省以及本地特点及具体需求，以“一带一路”建设为契机，不断设立和丰富“一带一路”沿线国家语言专业，调整外语人才培养模式，重构教学内容、重置课程体系，积极推动外语学科的不断向前发展，外语教育也因此进入了一个全新的发展阶段。

本研究正是在这样的背景下产生的。本研究将秉持立足江西、服务江西的宗旨，在国家“一带一路”倡议深入发展的大背景下，将政府和企业的需求与省内高校外语学科专业发展结合起来，从战略的高度规划江西省高校外语人才培养的问题，重新规划江西省高校外语语种选择、专业设置、人才培养模式等内容，为江西更好地参与和融入“一带一路”倡议提供语强有力的语言服务和人才保障。本研究主要有以下四方面的意义：

第一，有益于拓展外语规划研究的范围和空间。本研究以问题为导向，将关注的重点放到内陆省份高校层面的外语教育规划上，扩大了外语规划研究的范围和空间，是对我国外语规划相关政策和实践研究的有益补充。

第二，有益于从战略的高度，推动江西省外语教育规划的相关研究。在江西，有关外语教育规划的相关研究较少，更鲜有学者从战略的角度思考江西省外语语种规划、语言服务、“一带一路”背景下人才培养等问题。本研究将进一步推动江西外语学界在外语教育规划相关领域的研究。

第三，有益于为江西深入融入“一带一路”倡议提供语言支撑和语言服

① 赵世举．“一带一路”建设的语言需求及服务对策[J]．云南师范大学学报(哲学与社会科学版)，2015(4)：37.

务。推进“一带一路”建设，应当语言先行。本研究能够让省内高校更好地把握“一带一路”背景下政府和企业对外语人才的需求状况，为江西政府和企业更好地参与和融入“一带一路”倡议提供强有力的语言保障。

第四，有益于推动江西省高校外语学科的进一步发展。江西省高校的外语学科应主动对接“一带一路”倡议，不断优化语种结构，调整和优化外语人才培养的机制和规格，为“一带一路”倡议提供重要的外语人才保障。

第二节　国内外研究现状综述

在国内，自“一带一路”倡议提出后，我国学术界积极作为，在语言政策和规划领域主要取得以下学术成果。

一、引进和翻译了一批国外语言政策与规划经典著作

2010年前后，我国学术界日益意识到我们与国外语言政策与规划研究方面的差距。自“一带一路”倡议正式提出后，我国学术界开始紧跟国外研究步伐，引进和翻译了一批国外语言政策与规划的经典著作。南京大学中国语言战略研究中心从2012年开始就推出“语言资源与语言规划丛书”，系统地翻译和介绍了国外语言资源与语言规划经典著作，受到国内学术界的一致好评。2012年，该中心推出系列丛书第一种——《语言规划与语言政策的驱动过程》①，颇受好评。之后他们又相继推出《太平洋地区的语言规划和语言教育规划》②《语言教育政策：关键问题(第二版)》③《语言：一

---

① ［英］丹尼斯·埃杰．语言规划与语言政策的驱动过程［M］．吴志杰，译．北京：外语教学与研究出版社，2012.

② ［美］罗伯特·卡普兰，等．太平洋地区的语言规划和语言教育规划［M］．梁道华，译．北京：外语教学与研究出版社，2014.

③ ［美］詹姆斯·托尔夫森．语言教育政策：关键问题(第二版)［M］．俞玮奇，译．北京：外语教学与研究出版社，2014.

种权利和义务》《语言：权利和资源——有关语言人权的研究》①《语言政策》②《语言与政治》③《语言规划与语言教育》④《语言政策：隐意图与新方法》⑤《语言政策评估与欧洲区域或小族语言宪章》⑥等一系列国外语言政策与规划研究领域的经典著作，为国内学术界了解国外语言政策与规划研究提供了一个重要的窗口。

此外，南京大学中国语言战略研究中心还与商务印书馆合作，推出了语言规划经典译丛系列，目前已推出三本著作：分别是以色列知名语言学家博纳德·斯波斯基(Bernard Spolsky)的两本著作《语言政策——社会语言学中的重要论题》⑦以及《语言管理》⑧；苏·赖特(Sue Wright)的《语言政策与语言规划——从民族主义到全球化》⑨。国外经典学术著作的引入和翻译，对于拓宽中国学者的国际视野、推动我国语言政策与规划研究以及更好地服务“一带一路”倡议具有重要的学习借鉴意义。

① ［匈］米克洛什·孔特劳，等．语言：权利和资源——有关语言人权的研究［M］．李君，满文静，译．北京：外语教学与研究出版社，2014.

② ［美］戴维·约翰逊．语言政策［M］．方小兵，译．北京：外语教学与研究出版社，2016.

③ ［英］约翰·约瑟夫．语言与政治［M］．林元彪，译．北京：外语教学与研究出版社，2017.

④ ［英］吉布森·弗格森．语言规划与语言教育［M］．张天伟，译．北京：外语教学与研究出版社，2018.

⑤ ［以］艾拉娜·肖哈米．语言政策：隐意图与新方法［M］．尹小荣，译．北京：外语教学与研究出版社，2018.

⑥ ［瑞士］弗朗索瓦·格兰．语言政策评估与欧洲区域或小族语言宪章［M］．何山华，译．北京：外语教学与研究出版社，2020.

⑦ ［以］博纳德·斯波斯基．语言政策：社会语言学中的重要论题［M］．张治国，译．北京：商务印书馆，2011.

⑧ ［以］博纳德·斯波斯基．语言管理［M］．张治国，译．北京：商务印书馆，2016.

⑨ ［英］苏·赖特．语言政策与语言规划——从民族主义到全球化［M］．陈新仁，译．北京：商务印书馆，2012.

二、我国推进“一带一路”建设有关语言政策与规划、语言教育等的研究成果

“一带一路”倡议提出以来，我国学者结合“一带一路”倡议的新要求，从语言政策与规划的角度出发，紧密对接国家要求，对我国的语言战略进行了重新规划和研究。同时，也加强了“一带一路”沿线国家的语言政策与语言规划的研究。关于我国推进“一带一路”建设有关语言政策与规划、语言教育等相关的研究主要可归纳为以下五个方面：

第一，“一带一路”建设背景下语言规划的整体宏观研究。李宇明教授2015年发表在《人民日报》的文章《“一带一路”需要语言铺路》是国内最早论述“一带一路”倡议与语言关系的理论文章。文章指出推进“一带一路”建设需要语言铺路和搭桥，并强调要重视研究“一带一路”语言状况、注重培养语言人才、了解相关国家的语言政策及语言使用习惯、充分利用语言技术共四个方面的语言规划和内容。① 陈美华的《面向“一带一路”建设的外语规划研究》是国内第一本在“一带一路”建设中有关外语规划研究的专著。该专著从外语规划的角度对企业、政府、学校、家庭等组织，对文化、教育、外贸等领域进行了研究。② 沈骑和夏天的论文《“一带一路”语言战略规划的基本问题》提出语言战略规划应针对沿线国家语言生活状况和语言战略需求，在语言地位、语言本体、语言教育、语言声誉、语言服务和话语规划等六个领域开展战略规划。③ 董晓波的论文《基于“一带一路”的我国语言规划研究：内容与方法》探讨基于“一带一路”的我国语言规划研究的内容与方法，提出了一个基于不同主体层次、多问题领域的“一带一路”

---

① 李宇明．“一带一路”需要语言铺路[N]．人民日报，2015-09-22(7)．

② 陈美华．面向“一带一路”建设的外语规划研究[M]．北京：外语教学与研究出版社，2020.

③ 沈骑，夏天．“一带一路”语言战略规划的基本问题[J]．新疆师范大学学报(哲学社会科学版)，2018(1)．

语言规划分析研究框架。① 张治国的论文《“一带一路”建设中的语言问题》阐述“一带一路”建设、软件建设、语言、语言政策及规划与经济社会发展之间的互动关系，并提出“一带一路”核心区语言战略规划。② 沈骑在论文《“一带一路”外语教育规划的四大任务》中提出了外语语种规划、英语专业建设、大学英语改革、外语学科发展四大任务。③ 张日培的论文《服务于“一带一路”的语言规划构想》指出，服务于“一带一路”的语言规划应当统筹国内和国际语言生活两个大局，既要探讨国内语言生活、语言生态的变化趋势及其对策，又要分析沿线国家和地区的语言生活、双边和多边交流中的语言使用，更要思考旨在争取人心、赢得民意的人文交流对语言文字的需求。④

第二，“一带一路”主要沿线国家的语言政策与语言规划的研究。此类研究具有代表性的是王辉教授主编的三卷本《“一带一路”国家语言状况与语言政策》以及杨亦鸣教授主编的《“一带一路”国家语言国情手册》。王辉教授的丛书重点研究“一带一路”沿线 65 个国家的语言国情和语言政策，搭建“一带一路”沿线主要国家和地区语言和语言政策的数据库平台，为政府和企业提供决策参考。书中涉及各国语言状况、语言政策、语言教育、对中国的启示和借鉴等内容。⑤ 杨亦鸣教授的《“一带一路”沿线国家语言国情手册》分别介绍“一带一路”沿线 64 个国家(中国除外)的语言国情，包括各国官方语言、主要民族语言、语言历史、语言与民族或社会关系等，目的是为对外交流人员提供方便快捷、全面准确的相关国家的语言国情咨询服务。⑥

① 董晓波．基于“一带一路”的我国语言规划研究：内容与方法[J]．外语教学理论与实践，2020(1)．

② 张治国．“一带一路”建设中的语言问题[J]．语言文字应用，2016(4)．

③ 沈骑．“一带一路”外语教育规划的四大任务[J]．当代外语研究，2019(1)．

④ 张日培．服务于“一带一路”的语言规划构想[J]．云南师范大学学报(哲学社会科学版)，2015(4)．

⑤ 王辉．“一带一路”国家语言状况与语言政策（第一、二、三卷）[M]．北京：社会科学文献出版，2015，2017，2019．

⑥ 杨亦鸣，赵晓群．“一带一路”沿线国家语言国情手册[M]．北京：商务印书馆，2016．

第三，对接“一带一路”倡议的语言人才培养研究。文秋芳教授的论文《“一带一路”语言人才的培养》是国内较早关注“一带一路”倡议下语言人才培养问题的文献。论文中提到要充分利用“一带一路”倡议的契机，解决目前语言人才培养中存在的问题，并提出了三条建议：(1)设计专业课程设置时，要处理好国家需求、学生个人发展与语言学习规律三要素的关系；(2)双向考虑“一带一路”语言人才培养的多元化途径；(3)借鉴美国经验，更有效培养我方所需的复合型语言人才。① 陈海燕的论文《“一带一路”战略实施与新型国际化人才培养》指出在“一带一路”倡议背景下，针对国际化人才需求的变化，国际化人才的培养模式也应进行调整，并对新型国际化人才的基本内涵与培养模式进行了详细阐释。② 王雪梅的《“一带一路”背景下我国高校非通用语专业建设：现状、问题与对策》③和王辉的《高校“一带一路”非通用语人才培养与市场需求调查研究》④对我国非通语种的学科设置、招生培养、师资队伍以及市场需求等现状进行了调查分析；并在剖析存在问题的基础上，从学科规划、专业拓展人才培养、师资发展等不同层面提出可行性对策。屈廖健的论文《“一带一路”倡议下我国国别和区域研究人才培养的实践探索与发展路径》是国内较早关注“一带一路”倡议与国别区域人才培养关系问题的文献。论文从分析现实要求和目前困境入手，探讨了为了更好地服务“一带一路”倡议，我国国别和区域研究人才的培养方法和路径问题。⑤

第四，“一带一路”语言服务研究。赵世举、黄楠津的专著《语言服务

---

① 文秋芳.“一带一路”语言人才的培养[J]. 语言战略研究，2016(2).

② 陈海燕.“一带一路”战略实施与新型国际化人才培养[J]. 中国高教研究，2017(6).

③ 王雪梅.“一带一路”背景下我国高校非通用语专业建设：现状、问题与对策[J]. 外语电化教学，2017(2).

④ 王辉. 高校“一带一路”非通用语人才培养与市场需求调查研究[J]. 外语电化教学，2019(1).

⑤ 屈廖健.“一带一路”倡议下我国国别和区域研究人才培养的实践探索与发展路径[J]. 中国高教研究，2020(4).

与“一带一路”》是该领域最具代表性的著作。该书探讨了服务“一带一路”的语言建设的主要问题，包括“一带一路”的国家语言规划服务、“一带一路”的语言学术服务；“一带一路”的区域语言建设服务、“一带一路”背景下语言文化的国际传播等内容。① 王立非的论文《“一带一路”对外贸易中的语言服务便利度测量实证研究》通过定量和实证的方法测量了中国与“一带一路”沿线国家的语言服务便利度及其对双边贸易的影响，对我国的语言服务研究、人才培养和产业发展具有启示意义。② 付妮的论文《“一带一路”建设背景下面向东盟的语言服务能力提升研究》在分析面向东盟的语言服务能力提升存在诸多制约因素后，提出了提升面向东盟的语言服务能力的策略，助推“一带一路”建设高质量发展。③

第五，“一带一路”区域性以及地方语言规划研究。“一带一路”倡议提出后，“一带一路”核心区域以及边疆和民族省份均结合地方实际，提出本地的面向“一带一路”倡议的语言规划。邢欣、邓新的论文《“一带一路”核心区语言战略构建》分析了新疆作为“一带一路”核心区的三大优势，并提出了五大语言发展战略构建。④ 余江英的论文《试论“一带一路”背景下的云南关键语言选择》提出了初步的云南关键语言列表，并对云南的关键语言政策的制定提出了相应的对策与建议。⑤ 李德鹏的论文《“一带一路”背景下的区域性语言服务——以云南省为例》针对现有语言服务的不足，提出了增加小语种数量、提高小语种质量、绘制境外中国语言地图、加大境

---

① 赵世举、黄楠津．语言服务与“一带一路”[M]．北京：社会科学文献出版社，2016.

② 王立非．“一带一路”对外贸易中的语言服务便利度测量实证研究[J]．语言文字应用，2020(2).

③ 付妮．“一带一路”建设背景下面向东盟的语言服务能力提升研究[J]．广西社会科学，2022(10).

④ 邢欣，邓新．“一带一路”核心区语言战略构建[J]．双语教育研究，2016(1).

⑤ 余江英．试论“一带一路”背景下的云南关键语言选择[J]．吉首大学学报(社会科学版)，2016(2).

外舆情监测等对策。①

三、外语教育规划相关研究

与国外的外语教育规划研究相比，我国外语教育规划起步较晚，直到2001年才由胡文仲先生引入“外语教育规划”这一概念。20多年来，外语教育规划研究逐渐受到国内外语界的重视。外语教育规划研究扎根于外语教学理论与实践，以宏观国家战略与教育政策发展中的问题作为研究导向，是外语教育研究与战略规划研究的衔接点。不少外语研究者在精耕于外语教学研究的同时，开始关注外语教育与国家战略、社会进步与经济发展之间的互动联系。

我国现有外语教育规划研究主要涉及三个方面的内容：第一，基于外语教育规划实践思考中国外语教育改革之道。胡文仲②、李宇明③、胡壮麟④、戴炜栋⑤、束定芳⑥均从我国外语教育规划历史、现状和存在问题反思中国外语教育发展中的政策问题，提出外语教育需要对接国家战略、提升国家外语能力、开展语种规划等一系列改革举措。第二，通过国际比较，汲取国外外语教育规划的经验和做法。不少学者通过考察和比较国外外语教育规划获得经验和启示，如蔡永良⑦、傅荣和王克非⑧、沈骑⑨、谢倩⑩等分

① 李德鹏．“一带一路”背景下的区域性语言服务——以云南省为例[J]．渤海大学学报(哲学社会科学版)，2016(1)．

② 胡文仲．我国外语教育规划的得与失[J]．外语教学与研究，2001(4)．

③ 李宇明．中国外语规划的若干思考[J]．外国语，2010(1)．

④ 胡壮麟．对中国外语教育改革的几点认识[J]．外语教学，2015(1)．

⑤ 戴炜栋．我国外语教育70年：传承与发展[J]．外语界，2019(4)．

⑥ 束定芳．关于我国外语教育规划与布局的思考[J]．外语教学与研究，2013(3)．

⑦ 蔡永良．美国的语言教育与语言政策[M]．上海：上海三联书店，2007.

⑧ 傅荣、王克非．欧盟语言多元化政策及相关外语教育政策分析[J]．外语教学与研究，2008(1)．

⑨ 沈骑．当代东亚外语教育政策发展研究[M]．北京：北京大学出版社，2012.

⑩ 谢倩．外语教育政策国际比较研究[M]．武汉：华中科技大学出版社，2014.

别比较并借鉴了美国、欧洲、东亚和英国等国别和区域的外语教育规划经验与做法。另外，王克非①对 13 个国家和地区外语教育规划作了较为全面的考察与评介，为中国外语教育规划拓宽国际视野。第三，地方层面的外语教育规划研究。从规划的层次来看，国内外的外语教育规划最初都是从国家层面开始的，而且在很长一段时间内外语教育规划的研究都集中在国家层面。但是随着时间的推移，尤其是进入 21 世纪后，地方层面的外语教育规划研究开始出现。各个地区开始根据本地区的具体情况和现实需求对本地区的语言使用情况(包括少数民族语言和外语)进行规划。在我国地方层面的外语教育规划研究中，以边疆地区、民族地区的研究居多，如新疆、东三省、广西、云南、福建等地的外语教育规划。

在国外，关于语言规划的研究起步较早，成果也较为丰硕。国外语言规划的研究主要可分为语言规划的理论研究以及语言规划的实践研究。

国外语言规划的理论研究始于 20 世纪 60 年代。国外语言规划的理论研究主要包含以下三个方面：第一，语言规划的内涵、类型和理论框架研究。关于语言规划的内涵和类型的划分，国外的相关研究也经历了一个不断完善的发展过程。1966 年，Haugen 提出了一种基于语言本体的四重语言规划模型，这种模型描述了语言规划的不同阶段，开启了国外学者关于语言规划内涵的探索。② 1969 年，Kloss 首次将语言规划分为语言地位规划和语言本体规划，成为当时很长一段时间内语言规划研究的基本分析范畴。③ 1989 年，Cooper 在本体规划和地位规划的基础上，又增加了习得规划(acquisition planning)，强调对语言学习和语言教学中的各环节进行规划。④

---

① 王克非．外语教育政策与社会经济发展[J]．外语界，2011(1)．

② Haugen E. Linguistics and Language Planning [C]//Bright W. Sociolinguistics: Proceedings of the UCLA Sociolinguistics Conference. The Hague: Mouton, 1966: 50-71.

③ Kloss H. *Research Possibilities on Group Bilingualism: A Report* [R]. Quebec: International Center for Research on Bilingualism, 1969: 1-91.

④ Cooper R. *Language Planning and Social Change* [M]. Cambridge: Cambridge University Press, 1989.

1990 年，Harmann 将声望规划(prestige planning)纳入到语言规划中。① 自此，语言规划的内涵和分类已基本明确，本体规划、地位规划、习得规划和声望规划成为语言规划的四种基本类型，已成为语言规划的基本分析框架。第二，语言规划的动机研究。不同的语言规划者对语言规划的动机有着不同的理解。此类研究的集大成者是 Ager，其在对世界各地所研究的案例进行总结的基础上提出七个动机：身份认同(identification)、融合(integration)、工具(instrumentality)、意识形态(ideology)、映像投射(image)、不安全(insecurity)和不平等(inequality)。② 第三，语言规划的目标研究。Nahir 根据从世界各地收集到的例子，提出了 11 个语言规划的目标。③ Kaplan 和 Baldauf Jr. 对政策规划和教育语言规划的目标进行了详尽的论述，提出的语言规划和政策目标的理论框架可以说是目前对语言规划目标最全面的概括。④

国外语言规划的实践研究始于 20 世纪 60 年代风起云涌的民族独立运动，一大批亚非拉国家纷纷获得国家独立，亟须对其语言政策进行重新规划。在此背景下，西方语言学家参与了这些新兴国家的语言规划实践，推动了语言规划作为一门学科的发展。随着语言规划学科的发展，欧盟、美国、非洲国家、太平洋地区等越来越多的地区和国家进入语言规划研究者的视野，均取得了较为丰富的研究成果。关于欧盟外语教育规划的研究，主要存在着两大热点：第一，是关于欧盟语言平等政策的研究。欧盟奉行一律平等的多语政策，推动欧盟各国互相学习语言，这对形成欧洲联盟的

---

① Harmann H. Language Planning in the Light of a General Theory of Language: a Methodological Framework[J]. *International Journal of the Sociology of Language*, 1990, 86(1): 103-126.

② Ager D. *Motivation in Language Planning and Language Policy*[M]. Clevedon: Multilingual Matters, 2001.

③ Nahir M. Language Planning Goals: A Classification[J]. *Language Problems and Language Planning*, 1984(3).

④ Kaplan R B, Baldauf Jr. R B. *Language Planning: From Practice to Theory*[M]. Clevedon: Multilingual Matters, 1997.

凝聚力做出了很大的贡献。例如 Glynn William 的 *Sustaining Language Diversity in Europe: Evidence from the Euromosanic Project*① 以及 Richard L. Greech 的 *Law and Language in European Union: The Paradox of the Bable: "United in Diversity"*②。第二，欧洲语言共同参考框架(Common Europe Framework of Reference，简称 CEFR)也是中外学者研究的重点。早在 20 世纪 70 年代初，欧洲议会(Council of Europe)就参与制定了外语水平的入门级别，并在 20 世纪 80 年代和 90 年代进行了深入的研讨。2011 年 11 月，欧洲议会正式发布 CEFR，为欧洲语言在评量架构和教学指引、考试、教材所提供的基准。此后，国内外对 CEFR 的研究方兴未艾。

国外学者关于美国外语教育规划的研究可以按照 2001 年的"9·11"事件为界限，分为两个阶段。"9·11"事件发生之前，美国的高校并不重视外语教育，因此对"9·11"事件以前的美国外语教育的研究大多集中在对美国外语教育政策的历史和现状的考察上(Simon，1980③)。而"9·11"事件之后，美国的外语教育规划出现了以维护国家安全为目标的明显导向，之后的研究多集中在如何让美国的外语教育政策更好地保障美国的国家安全，更好地维护美国的国家利益(如 Wesche，2004④；Jackson & Malone，2009⑤；Edwards，2008/2009⑥)。

除了欧盟和美国等传统西方大国外，非洲、太平洋地区的岛国的语言教育与规划研究成为语言规划学者的研究对象。例如，美国霍华德大学语

① Glynn William. *Sustaining Language Diversity in Europe: Evidence from the Euromosanic Project*[M]. London: Palgrave Macmillan, 2005.

② Richard L. Greech. *Law and Language in European Union: The Paradox of the Bable: "United in Diversity"*[M]. Cambridge: Cambridge University Press, 2006.

③ Simon P. The US Crisis in Foreign Language[J]. *Annals of the American Academy of Political and Social Science*, 1980, 449: 31-44.

④ Wesche M. Teaching Languages and Culture Signapost—9/11 World [J]. *The Modern Language Journal*, 2004, 88: 278-285.

⑤ Jackson, Malone. *Building the Foreign Language Capacity We Need: Toward a Comprehensive Strategy for a National Language Framework*[Z]. Manuscript, 2009.

⑥ Edwards. National Language Policies: Pragmatism, Process and Products[J]. *The NECTFL Review*, 2008/2009, 63: 2-42.

言学教授Nkonko Kamwangamalu的著作——《语言政策与经济学：非洲的语言问题》(*Language Policy and Economics*: *The Language Question in Africa*)创造性地从经济学的视角，对非洲的语言政策问题进行系统研究。全书详细地分析了非洲语言政策的实践经验，认为只有从经济上挖掘非洲本土语言的实际价值，并保证它们在现实生活中产生具体的经济回报，政策制定者才有可能改变现有的语言政策，非洲语言才能得以继承和发展。① 关于太平洋岛国的研究以 Kaplan 和 Baldauf Jr. 的著作《太平洋地区的语言规划和语言教育规划》(*Language and Language-in-Education Planning in the Pacific Basin*)最具权威。该书对日本、韩国、澳大利亚、新西兰、印度尼西亚等十余个太平洋国家和地区的语言规划和语言教育进行了研究，对于我国的语言规划与语言教育具有重要借鉴意义。②

四、现阶段国内相关研究存在的问题和不足

现阶段国内相关研究主要存在以下问题和不足：

(1)国内外语教育规划研究大多还是以感性经验为主，欠缺系统论证；实践反思的成果居多，深入探讨的研究较少。

(2)在地方层面的外语教育规划研究中，边疆、民族地区的研究居多，其他省份，尤其是中部省份的研究较少。

(3)从研究内容来看，理论探索明显不足。现有的研究普遍缺乏理论指导，没有在一定的理论框架指导下对外语教育规划做出系统、全面的研究。

五、相关研究的发展趋势

自从2013年我国推行“一带一路”倡议以来，全国各省区都积极反思

① Nkonko M. Kamwangamalu. *Language Policy and Economics*: *The Language Question in Africa*[M]. London: Palgrave Macmillan, 2016.

② Kaplan R B, Baldauf Jr. R B. *Language and Language-in-Education Planning in the Pacific Basin*[M]. Dordrech: Kluwer Academic, 2003.

现有外语教育政策的不足，以“一带一路”倡议为契机，结合各省区的实际需求，对各省区外语教育进行重新规划，积极融入到国家“一带一路”倡议中去，为“一带一路”倡议提供重要的语言服务。

(1)外语教育规划研究服务于国家的大政方针。国家“一带一路”倡议出台后，各大高校纷纷以此为契机，积极调整本校的外语语种布局，同时积极创新外语人才培养模式，力争为“一带一路”倡议提供智力支持和人才保障。

(2)地方层面的外语教育规划研究不断增多。不同地区、不同省份的外语教育需求不尽相同，如何结合本地区、本省外语教育的实际需求，做好本地区、本省的外语教育规划也是未来外语教育规划研究的一个趋势。

(3)外语教育规划的跨学科研究趋势愈发明显。外语教育规划以语言学和教育学两大学科为基础，但是外语教育规划的发展并不囿于外语语言技能的教学内部层面，其发展与经济学、国家战略学和社会学也息息相关。可以预见的是，随着研究的深入，外语教育规划的研究视角将更加多元化和多样化。

第三节　总体思路与结构

一、总体研究思路

本研究按照江西省政府积极参与“一带一路”倡议的具体部署，研究江西省在“一带一路”建设背景下外语教育规划情况，找出目前省内高校外语人才培养方面存在的差距，并按照“一带一路”倡议的要求，对高校外语语种设置、外语人才培养模式、外语人才培养规格、课程设置等问题进行重新研究和规划，为江西更好地融入“一带一路”倡议提供外语支撑和服务。与此同时，选取与江西省在推进“一带一路”倡议中，联系最为紧密的欧盟、东盟以及三个重要的非洲国家的语言教育政策进行研究和分析，通过分析了解其他国家语情、民情以及教育政策，为江西省与“一带一路”沿线国家的互联互通建设打下坚实的语言基础。

二、本书结构

本书分为上下两篇。上篇主要关注语言规划概念、理论以及江西省的关键外语需求，江西省外语人才培养的现状、短板及对策。下篇主要关注江西省“一带一路”建设主要沿线国家的语言政策与规划。通过上下两篇的研究对江西省“一带一路”外语教育规划情况进行全方位、多角度的分析。

上篇首先从语言规划的概念入手，对语言规划的发展历程、类型以及层次进行梳理和分析。同时，对语言规划的理论研究框架进行分析，并把重点放在区域国别学的理论视角上，从区域国别学视角来分析以“一带一路”为背景的江西省外语教育规划。

其次，根据江西省参与“一带一路”建设的主要政策文件中确定的三大方向，以及涉及的沿线主要区域和国别，统计和研究江西省参与“一带一路”建设的关键外语。

最后，聚焦目前江西省高校外语人才培养现状。从外语语种设置、人才培养模式、课程设置等来考察江西高校外语人才培养的方方面面，找出目前江西省人才培养现状与对接“一带一路”倡议外语需求之间的差距，并提出相关对策和建议。

下篇根据江西省“一带一路”建设实施方案，选择江西省参与“一带一路”建设三大走向中最主要的沿线区域和国家，对其进行分析。在三大走向中，欧盟和东盟分别是西北方向、西南方向的终点，而非洲则是西南方向的重要节点之一。从经贸关系来看，欧盟是江西优先发展的市场，东盟则是江西最大的贸易伙伴。在众多非洲国家中，赞比亚和肯尼亚是与江西经贸关系最为紧密的两个非洲国家，而马达加斯加则是江西教育国际合作的成功典范。

因此，本书的下篇选择将欧盟、东盟两个区域性组织以及赞比亚、肯尼亚、马达加斯加三个非洲国家作为研究对象，研究和分析以上区域组织以及国家的语言政策和规划，以期为江西政府、企业、高校更好地参与

"一带一路"建设提供语言支撑和服务。

第四节　研究方法与创新之处

一、研究方法

本研究主要采用以下几种研究方法：

(1)文献研究法。本研究将以国内外语言规划理论和分析方法为指导，在大量阅读国内外关于语言政策、外语规划以及"一带一路"建设等相关文献的基础上制定相关的研究路径和研究框架，并积极借鉴国内外相关的研究成果。同时，认真学习和研究江西省关于"一带一路"建设的相关政策文件。

(2)田野调查法。课题组成员将深入江西相关企业、商贸部门以及高等院校进行调研，调查江西高校的外语语种设置、高校外语人才培养情况以及企业在与"一带一路"沿线国家进行商贸活动时的外语需求。调查时将采用问卷调查、焦点小组访谈、观察法等。

(3)跨学科研究方法。语言规划研究本身就具有跨学科性质。此外，在研究"一带一路"沿线国家语言使用情况时不可避免地要涉及当地国家的政治、经济、文化。所以本研究在研究过程中将综合运用语言学、经济学、社会学、政治学等不同学科的相关知识进行研究。

二、创新之处

本研究存在以下几点创新：

(1)研究视角上的创新。本研究采用区域国别学的理论框架，对"一带一路"建设背景下江西外语教育进行重新规划。通过区域国别学视角来分析"一带一路"倡议下江西省外语教育规划的方方面面，在研究视角上是一个创新。

(2)研究内容上的创新。在外语教育规划研究中，江西省外语教育规划研究较少。本研究在“一带一路”建设的大背景下，从战略的高度，对江西省外语专业语种布局、外语人才培养模式、课程设置、主要沿线国家的语言政策和规划等多个方面进行全面、系统的研究，这在研究内容上是一个创新。

(3)研究方法上的创新。本研究采用理论与实践相结合的研究方法，在掌握外语规划理论的基础上，深入相关企业、政府部门和高等院校进行实地调研，获得第一手的相关资料。这样能准确把握企业及政府部门的外语需求，避免以往外语规划研究中只有宏观叙述，而缺乏实地调查的缺陷。

上篇

“一带一路”背景下江西省外语教育规划的具体问题

本书上篇主要关注“一带一路”背景下江西省外语教育规划的具体问题，包括规划理念、关键外语统计、人才培养现状及对策等。首先从语言规划的概念入手，对语言规划的发展历程、类型以及层次进行梳理和分析。同时，对语言教育规划的理论研究框架进行考察，并从区域国别学的理论视角来分析“一带一路”背景下江西省外语教育规划问题。其次，根据江西省参与“一带一路”建设的主要政策文件，以沿线区域和国家的具体项目为依据，统计和研究得出江西省参与“一带一路”建设的关键外语。最后，从外语语种设置、人才培养模式、课程设置、师资队伍等方面来考察江西高校外语人才培养问题。从区域国别学的视角出发，找出目前我省外语人才培养现状与对接“一带一路”倡议外语人才需求之间的差距，并提出相关对策和建议。

第一章 语言规划的概念、类型及理论分析研究框架

本章主要包含三方面的内容：第一，对语言规划的概念及学科发展历程进行考察。第二，对语言规划的类型及层次划分进行梳理。第三，对语言规划的主要理论研究视角进行分析，尤其是通过区域国别学的视角来构建本书的基本理论分析框架。

第一节 语言规划的概念和学科发展

学界普遍认为，“语言规划”(Language Planning)这个术语出现在20世纪50年代末。1957年，美国语言学家瓦恩里希(Uriel Weinreich)在一次研讨会上使用了该术语。1959年，挪威裔美国语言学家豪根(Einar Haugen)在一篇题为《在现代挪威规划一种标准语的行为》(*Planning for a Standard Language in Modern Norway*)的文章中，首次提到了“语言规划”这一术语，豪根也成为在学术文献中使用该术语的第一人。豪根在这篇文章中将语言规划定义为“一种准备规范的正词法、语法和词典的活动，为处于非同质言语社区的写作者和说话者提供一个指导”①。这个定义只关注对语言本身的规划，即语言的本体规划。后来，豪根又对其定义进行了修正和补充，将1959年的定义视为语言规划的结果，它是语言规划决策的一部分，而非

① Haugen E. Planning for a Standard Language in Modern Norway[J]. *Anthropological Linguistics*, 1959, 1(3): 8-21.

语言规划的全部。①

此后，国内外语言规划研究者们从不同角度出发，对“语言规划”给出了多达30多种不同的定义。较为典型的语言规划定义包括：1968年，Tauli指出“语言规划是调节和改善现有语言或创造新的区域性、全国性和国际性语言的活动。语言规划涉及语言口头和书面形式等各个层面：语音、词法、句法、词汇和正词法”②。1971年，Rubin和Jernudd则把语言规划界定为“刻意发生的一种语言变化”。这种变化不是自然而然发生的，而是人为的，是“由某些组织机构规划出来的，成立这些组织机构就是要达到改变语言的目的，或者是指导完成这个目的”③。1999年，Grin从多样性视角指出所有“语言问题”的共同核心是多样性，因此语言政策的根本任务是多样性管理。解决语言多样性问题是语言政策和语言规划的首要目标。④ 我国学者刘海涛在对各种语言规划的定义进行系统梳理的基础上，总结出语言规划的基本特征：“语言规划是人类有意识地对语言发展的干预，是影响他人语言活动的一种行为；一般是由国家授权的机构进行的一种有组织的活动；不仅对语言本体进行规划，而且更多的是对语言应用的规划；是对语言多样性的一种人工调节；语言规划不仅是语言学的一个分支，而且和社会学、政治学有着密切的关系。”⑤对定义的不同界定反映了国内外学者对语言规划的不同认识。而这种不同认识则与各学者所处的时代背景以及语言规划的发展阶段密切相关。

语言规划作为一门相对独立的学科，大概是20世纪60年代发展起来

---

① Haugen E. Linguistics and Language Planning[C]//Bright W. Sociolinguistics: Proceedings of the UCLA Sociolinguistics Conference. The Hague: Mouton, 1966: 50-71.

② Tauli V. Introduction to a Theory of Language Planning[J]. *Dialects*, 1968, (6): 227.

③ Rubin J, Jernudd B H. *Can Language Be Planned? Sociolinguistic Theory and Practice for Developing Nations*[M]. Honolulu: University of Hawaii Press, 1971.

④ Grin F. Language Planning as Diversity Management: Some Analytical Principles [J]. *Plurilingua*, 1999, 21: 141-156.

⑤ 刘海涛．语言规划和语言政策——从定义变迁看学科发展[M]//陈章太．语言规划的理论和实践．北京：语文出版社，2006：55-57.

的。从学科发展史来看，学科发展的初衷是为了解决“二战”后新兴发展中国家的语言问题，即为了应对原殖民地国家独立后在现代化进程中亟须解决的语言问题。语言规划基本上由主权国家在其领土范围内开展，规划的对象也以本国的民族语言为主。

美国学者托马斯·李圣托(Thomas Ricento)将第二次世界大战后的语言规划研究划分为三个阶段①：第一阶段(1950—1960 年代晚期)。这一阶段是语言规划的早期工作时期，也被称为语言规划的形成期。在 20 世纪五六十年代，亚非拉国家纷纷摆脱殖民统治，获得国家独立和民族解放。对于这些新兴独立国家来说，该阶段最重要的目标是追求国家的统一和实现国家的现代化。而对本国的各种语言进行重新规划则是实现这一目标的重要手段和基本保障。受结构主义语言学的影响，人们普遍相信，语言是可以被规划的。西方国家的“一个国家、一个民族、一种语言”的理念在新兴独立国家深入人心，大量的西方语言规划学者在这个时期也被派往各新兴独立国家协助这些国家开展国家层面的语言规划工作。因此，新兴国家在独立后，纷纷用法律形式确立国家语言或官方语言。在这种理念下，统一的标准语是国家统一和民族团结的象征。语言的多样性则是贫穷与落后的标志，是国家建设的离心力量，不利于人们在全国范围内进行有效的交际，理应遭到摒弃。第二阶段(20 世纪 70 年代早期—20 世纪 80 年代晚期)。这一阶段也被称为语言规划的反思期。由于新兴独立国家只是机械地模仿西方国家的发展道路，未能充分考虑自身的国情和实际，因此，希冀的“经济发展”和“社会进步”并未出现。② 基于此，人们开始用批判的眼光看待过去的政策和做法。此类反思首先体现在社会经济政策领域，后来也影响到语言规划领域。也正是从这时开始，语言规划开始从单一的以语言代码为中心的理论过渡到综合考虑语言应用和各种社会、政治因素的关

① Ricento T. Historical and Theoretical Perspectives in Language Policy and Planning[J]. *Journal of Socio-linguistics*, 2000, 4 (2) : 196-213.

② 周庆生．语言规划发展与微观语言规划[J]．北华大学学报(社会科学版)，2010(6)：23.

联问题。① 第三阶段(20 世纪 80 年代中期以后)。这一阶段也被称为语言规划的复兴期。在这一时期，国际体系发生了根本性变革：东欧巨变、苏联解体，持续半个多世纪的冷战宣告结束，“二战”后形成的美苏两级争霸格局彻底瓦解。在这种国际政治大环境下，后现代主义思潮的影响力不断提升，开始影响到包括语言规划学在内的社会科学的各个领域。在建立“世界新秩序”的大背景下，“后现代主义”的思想特征越来越凸显。譬如：反对基础性，提倡多元性；反对原子性，提倡整体性；反对确定性，倡导不确定性；反对霸权，寻求和谐共存；反对简单性，拥护复杂性；倡导生态观。② 这种思潮也影响到语言规划。语言规划的观念在此阶段发生了根本性转变。人们开始重视语言多样性，提倡语言生态观。语言的多样性不再被看成国家的麻烦，而被看成值得人类保护的宝贵财富。此外，语言规划研究的议题也急速扩展，除了传统的语言规划问题外，少数族群的语言权利、濒危语言保护、语言复兴、语言认同等问题也成为本阶段语言规划研究的重要范畴。

我国学者赵蓉晖在托马斯·李圣托划分的基础上进行了补充，提出了语言规划的第四个阶段(20 世纪 90 年代初至今)，即语言规划的国际化发展阶段。在前三个阶段，语言规划基本上由主权国家在其领土范围内开展，规划的对象以本国的民族语言为主。但进入第四个阶段之后，由于经济发展的国际化、人口的国际流动、虚拟世界交流增加，影响语言规划的因素增多，外语的重要性日益凸显，外语规划和外语政策制定问题于是成为当代语言规划的重要内容。③ 外语教育规划是语言规划的一部分，其本质是通过组织和协调国家、机构、学校和个人在一定时期的外语学习和习

① 刘海涛．语言规划和语言政策——从定义变迁看学科发展[M]//陈章太．语言规划的理论和实践. 北京：语文出版社，2006：58.

② 周庆生．语言规划发展与微观语言规划[J]. 北华大学学报(社会科学版)，2010(6)：23.

③ 赵蓉晖．中国外语规划与外语政策的基本问题[J]. 云南师范大学学报(哲学社会科学版)，2010(6)：23.

得规划，增进个体对世界语言和文化多样性的精通和熟悉程度，从而提升不同规划对象的外语能力。

第二节　语言规划的类型和层次

从语言规划的类型来看，经过几十年的发展和完善，语言规划一般可分为地位规划(status planning)、本体规划(corpus planning)、习得规划(acquisition planning)和声望规划(prestige planning)四种类型。

本体规划可被定义为语言规划中针对语言本身的规划，主要涉及语言的标准化、规范化以及现代化的问题。对语言本身的规划具体包括：①拼写方案；②发音方法；③语言结构的改变；④词汇的扩展；⑤语域的简化；⑥风格；⑦语言材料的准备。地位规划，指语言本体之外，反映社会问题和社会关切的语言规划，主要包括语言选择和语言实施两方面内容。语言选择主要指政治领导人为社会选定语言。他们通常是在彼此竞争的多种语言和方言中做出选择，用以建立语言规范并在社会中获取地位。而语言实施的重点则体现在对所选定的语言形式的采纳和传播上，这通常是通过教育系统或法律、规范来实现的。

地位规划和本体规划构成了语言规划过程所有活动的基础。豪根曾在文章中指出：构成语言规划过程的活动既有面向社会的，也有面向语言的。面向社会的活动称为“地位规划”，其中包括社会必须选择一定的语言形式，面向语言的活动称为“本体规划”，其中包括为整理和细化所选定的语言而做出的语言学决策。①

最早将习得规划引入语言规划领域的是库珀(Cooper)。习得规划也称语言教育规划，是指语言学习、语言普及方面的规划以及在教育体系中对语言(包括本族语、官方语言和外语)的具体规划和安排。根据卡普兰和巴

① Haugn E. The Implementation of Corpus Planning: Theory and Practice [M]// Cobarrubias J, Fishman J, A. *Progress in Language Planning*. De Gruyter Mouton, 1983: 269-289.

尔道夫(Kaplan & Baldauf)提出的语言教育规划框架，语言教育规划在形式上体现为教育语言政策的发展，主要包括以下几个方面：①语言准入政策(access policy)；②师资政策(personnel policy)；③课程政策(curriculum policy)；④方法和内容政策(method and materials policy)；⑤资源支持政策(resourcing policy)；⑥群体政策(community policy)；⑦评估政策(evaluation policy)。①

声望规划是关于语言形象的规划。哈尔曼(Harmann)在豪根关于地位规划和本体规划外模式的基础上，有效地提出了语言规划的另外一个维度——声望规划。声望规划包括制定政策，鼓励使用特定的语言形式，以便使该语言的各方面功能在重大而庄严的场合得到充分发挥。一种语言经过社会、机构或个人的使用推广，或在高规格的活动中使用，取得(或失去)显赫地位。声望政策的主要目标是促进语言，即制定公开的、成文的政策或类似政策的手段，提高该语言在该政府组织的声望和地位。

根据卡普兰和巴尔道夫(Kaplan & Baldauf)的观点，语言规划可以分为宏观(macro)、中观(meso)和微观(micro)三个层次。② 宏观语言规划通常指宏观层面、大范围的国家或政体的规划，它通常由政府部门执行，意在影响整个政体社会内的话语方式和文化实践活动。③ 目前，大部分的语言规划研究都属于宏观语言规划的范畴。中观语言规划是指介于宏观语言规划和微观语言规划之间的语言规范领域，主要包括某种语言的保持、维护与复兴。中观语言规划从纵向看是社会各领域的语言规划；从横向看是各地域的语言生活。④ 微观语言规划指从微观视角进行语言规划，具体指在家庭、学校、企业、社区等领域或范围的语言规划。微观语言规划反映了

---

① Robert B Kaplan, Richard Baldauf Jr B. Language-in-education Policy and Planning[C]//Hinkel E. *Handbook of Research in Second Language Teaching and Learning*. Mahwah, NJ, USA: Lawrence Erlbaum Associates, 2005: 1013-1034.

② Kaplan R B, Baldauf Jr R B. *Language Planning from Practice to Theory*[M]. Clevedon: Multilingual Matters, 1997: 56-57.

③ 张蔚磊，国外语言政策与规划理论研究述评[J]. 外国语，2017(5)：81.

④ 李宇明，中国语言规划论[M]. 长春：东北师范大学出版社，2015：13.

语言规划实践小微化、个体化和地方化的发展趋势。

近年来，随着语言规划研究的进一步深入，越来越多的学者开始关注到微观语言规划研究的重要性。某一地区、某一领域的微观语言规划研究日益成为语言规划研究的重点和趋势。在所有的微观语言规划的研究中，教育领域的语言规划研究是学界关注的焦点。例如在国家提出“一带一路”倡议后，全国各省市都结合自身地域优势，对所在地高校外语教育进行重新研究和规划。我国学者张蔚磊和王辉专门讨论过宏观语言规划与微观语言规划之间的关系，他们认为：“首先，微观语言规划和宏观语言规划相对独立，同时又相互影响。微观语言规划可以在微观范围内，如个人、家庭、社区、学校等独立运行，其产生的作用一般局限于微观层面。宏观语言政策通常发生在国家或政府层面，其作用范围也更广。微观语言规划和宏观语言规划之间相互作用。其次，微观语言规划是宏观语言规划的微观执行。宏观政策规划的微观执行指微观语言规划主要目的是落实宏观语言规划的目标和任务。宏观语言规划是一种自上而下的政策和规划，它影响地方及地方(微观)语言政策和规划的执行。微观层面的执行一般要满足宏观范围内的语言政策需求，这一点也被看作传统意义上语言政策和规划的作用。”①事实上，从宏观和微观语言规划的关系上看，两者是辩证统一、不可分割的。宏观语言规划是在微观语言规划实践的基础上制定的；而微观语言规划又必须以宏观语言规划为前提，不能突破宏观语言规范的范畴和框架。

卡普兰和巴尔道夫(Kaplan & Baldauf)在总结前人理论成果的基础上，提出了语言规划研究的分析框架，这一框架也成为语言规划研究的经典框架。该框架包含四个层面的规划：地位规划(社会层面)、本体规划(语言层面)、教育语言规划(学习层面)以及声望规划(国际形象层面)。在目标的实现手段方面，主要采取政策手段和培养手段两种方式。政策手段强调

① 张蔚磊，王辉．微观语言规划理论及其对我国外语教育规划的启示[J]．外语研究，2022(1)：75.

的是形式，即基本语言政策的决定和执行；而培养手段强调语言发展和使用的功能性拓展。在语言规划的维度上，该框架明确提到语言规划有宏观、中观、微观三个维度，而在目标知晓度方面则又有显性和隐性两个方面。该理论框架的提出，标志着语言规划学科的成熟，详见表1-1。

表1-1　语言规划研究框架

<table>
<tr><td rowspan="4"></td><td rowspan="4">目标实现手段</td><td rowspan="4">政策手段(形式)目标</td><td rowspan="4">培养手段(功能)目标</td><td colspan="6">语言规划的维度</td></tr>
<tr><td colspan="2">宏观</td><td colspan="2">中观</td><td colspan="2">微观</td></tr>
<tr><td colspan="6">目标知晓度</td></tr>
<tr><td>显性</td><td>隐性</td><td>显性</td><td>隐性</td><td>显性</td><td>隐性</td></tr>
<tr><td rowspan="2">产出性目标</td><td>1. 地位规划(社会层面)</td><td>地位标准化
官方化
国民化
废除(某种语言)</td><td>地位规划
恢复
* 复位
* 复兴
* 撤销
保持
中介语交际
* 国际的
* 国内的
传播</td><td></td><td></td><td></td><td></td><td></td><td></td></tr>
<tr><td>2. 本体规划(语言层面)</td><td>标准化
语言规范化
* 文字
* 语法
* 句法
副语言规范化
* 文字
* 语法
* 句法</td><td>语料拓展
词汇现代化
文体现代化
革新
* 净化
* 改革
* 文体简化
* 术语统一
国际化</td><td></td><td></td><td></td><td></td><td></td><td></td></tr>
</table>

续表

	目标实现手段	政策手段(形式)目标	培养手段(功能)目标	语言规划的维度					
				宏观		中观		微观	
				目标知晓度					
				显性	隐性	显性	隐性	显性	隐性
产出性目标	3. 教育语言规划(学习层面)	政策发展 准入政策 师资政策 课程政策 方法与内容政策 资源政策 群体政策 评估政策	学习规划 再习得 保持 外语/二语转换						
接受性目标	4. 声望规划(国际形象层面)	诺言推广 官方/SJS 机构 利益集团 个人	智能化 科学的语言 语言的专业化 文言 外交语言						

第三节　语言规划的主要理论研究视角

除了关注语言规划的概念和发展阶段外，语言规划的理论框架研究也是语言规划学者研究的重点。在语言规划的发展历史上，曾出现过多种关于语言规划的理论研究框架或视角的探讨。早期的语言规划理论框架研究主要关注语言规划的学科发展和学科体系的建设，包括研究内容、对象、范围、目标等，特别是对研究对象国或言语社区中某一具体语言政策的描述和解析，研究视角以宏观为主，兼顾微观分析，代表性研究有 Fishman

(1974)、Rubin 和 Jernudd(1971)、Rubin(1977)等。① 这一时期最主要的研究成果是明确了语言规划的类型，即将语言规划分为本土规划、地位规划、习得规划等。到了 20 世纪 80 年代，随着语言规划学科体系日渐成熟，在语言规划发展历史中有影响力的理论框架也逐渐涌现，有代表性的理论框架是豪根和库珀对语言规划理论框架的讨论。到了 20 世纪 90 年代，卡普兰和巴尔道夫广泛吸收前人的研究成果，提出了语言规划经典的生态学理论框架。另外，语言规划学者也逐步跳出语言学的视角，开始借鉴其他学科视角来进行语言规划研究，较有代表性的是从政治学和经济学进行语言规划研究。本节将对以上主要语言规划理论和视角进行梳理，在此基础上，本节还将探讨运用区域国别学视角进行语言规划研究，尤其是外语教育规划研究的尝试。

一、语言规划的过程理论

20 世纪 80 年代形成的语言规划理论以豪根和库珀建构的语言规划研究框架为代表。豪根在 1983 年提出了语言规划的四重模型，即将语言规划的过程分为选择(selection)、编典(codification)、实施(implementation)和完善(elaboration)四个基本步骤。其中选择和实施属于语言规划的社会维度(即地位规划)，主要涉及官方语言的选择以及国家通用语言文字的推广。而编典和完善属于语言规划的语言维度(即本体规划)，主要涉及语言的标准化、规范化和稳定化。豪根提出的语言规划四重模型，被称为语言规划的过程理论。

二、语言规划的变量理论

库珀在 1989 年提出语言规划行为的分析模式。他认为可以从以下 8 个方面去分析语言规划活动：谁是规划的制定者？针对什么行为？针对哪些

① 张天伟．语言政策与规划研究：路径与方法[J]．外语电化教学，2016(2)：41.

人？要达到什么目的(或出于什么动机)？在什么条件下？用什么方式？通过什么决策过程？效果如何？① 显然这8个要素是针对语言规划行为本身的一种分析。这个理论可被称为语言规划的变量理论。

三、政治学视角下的语言规划

语言规划学者除了在语言学领域进行语言规划的理论探索外，还尝试借助其他学科知识进行跨学科的理论探讨，其中最为典型的是从政治学和经济学的视角进行语言规划的理论研究。传统的语言学研究不考虑政治因素。但是语言政策与规划属于社会语言学的范畴，有着明显的跨学科属性。根据以色列知名语言政策学家博纳德·斯波斯基(Bernard Spolsky)在《语言政策——社会语言学中的重要论题》中的观点：语言政策包括语言实践、语言信仰或语言意识形态、语言管理三个组成部分。② 在这三个方面的内容中，语言实践更多地体现实证研究取向，这是典型的社会语言学研究范畴；而语言信仰和语言管理都具有明显的价值判断取向，政治学的主要研究路径正是思辨和价值判断。因此，语言政策研究能够成为政治学与语言学的研究结合点。换句话说，政治学的研究路径为语言政策的研究提供了一个全新的视角和思路。

从政治学视角切入到语言政策的研究，主要涉及语言、权利、民族之间的复杂关系。具体来说，主要关注的是以下几个议题：①语言与认同方面的研究。包括国家认同、族群认同以及个人身份认同等。关于语言与国家认同的研究出现在现代民族国家诞生之后。现代民族国家出现后，国家通过行政权力，将主要民族语言提升为国家的官方语言。在全国范围内推行统一的国家通用语言，成为民族国家实现政治认同的重要标志。语言与族群认同的关系主要体现在语言对于民族形成的作用上，这主要可归纳为

① Cooper R. *Language Planning and Social Change* [M]. Cambridge: Cambridge University Press, 1989: 98.

② [以]博纳德·斯波斯基. 语言政策：社会语言学中的重要论题[M]. 张治国, 译. 北京：商务印书馆, 2011: 7.

两个方面：一是语言的身份标志作用，也就是特定的民族使用特定的语言；二是语言的沟通和交流作用，即交流和沟通有助于一个民族形成共同的历史和记忆，强化民族认同。① 而对于个人而言，语言的选择和使用将巩固个人的族群认同、地域认同以及国家认同。②少数族群的语言权利与政治平等方面的研究。少数族群的权利问题一直是政治学领域研究的重要议题之一。近年来，政治学者和语言学者开始尝试从语言的角度对少数族群的权利问题进行研究。研究学者认为，不同的语言政策会对少数族群的权利有着不同的影响。支持同化主义(或称单一主义)语言政策的学者认为，少数族群应放弃其自身的族群语言，更好地学习国家的主流语言，这样才能更好地融入主流社会，才能使少数族群享有与主流群体平等的发展机会。而支持语言政策多元论者则认为，只有在制度层面支持少数族群自身的语言权利，实行多语主义，才是对少数族群真正的尊重，才能保证少数族群真正的平等权利。

四、经济学视角下的语言规划

除了政治学理论的视角外，还有学者从经济学的视角出发，关注语言的商品属性，进行语言政策与规划的研究。从 20 世纪 60 年代起，国外学者就开始将语言学和经济学结合起来，进行语言经济学的研究。经过几十年的发展，主要形成了以加拿大为代表的北美阵营以及以瑞士为代表的欧洲阵营两大学派。前者将语言作为经济变量，关注语言对个体社会经济地位的影响。后者则将经济作为一种语言变量，研究不同语言政策的费用和效益问题。② 20 世纪 90 年代末，外语界学者许其潮首次将“语言经济学”这一概念引入中国，标志着国内研究开始接触和借鉴国外的相关研究成果。我国学者张卫国从三个方面提出了语言经济学的基本分析框架：

---

① 田鹏．集体认同视角下的欧盟语言政策研究[M]．北京：北京大学出版社，2015 年第 26 页．

② 付慧敏，洪爱英．语言经济学视域下的语言竞争与语言规划[J]．东北师范大学学报(哲学社会科学版)，2020(2)：79-80.

第一，语言是一种人力资本；第二，语言是一种公共产品；第三，语言是一种制度。① 这一基本分析框架为我国语言经济学的研究打下了坚实的基础。

第四节　区域国别学与外语教育规划

区域国别学也被称为区域国别研究，是区域研究和国别研究的合称，指研究者采取跨学科、多角度、综合方法的路径，对区域、国家或国际关系行为体的具体情况、关键问题、主要动向和对本国影响等方面问题开展的专门研究。② 在国内，区域国别研究也被称为区域与国别研究、国别与区域研究。在英文文献中，与区域国别研究相关的术语包括“Area Studies”（区域研究）、“Regional Studies”（地区研究）、“International Studies”（国际研究）等。尽管不同研究者在概念界定和术语使用方面不尽相同，但是以特定地理或区域为研究单位、以应用为导向、开展跨学科的综合性深度研究是这一领域公认的特点。③

2013 年 4 月，国务院学位委员会办公室公布了由第六届学科评议组编写的《学位授予和人才培养一级学科简介》，将外国语言文学学科的研究对象确定为外国语言研究、外国文学研究、翻译研究、国别与区域研究、比较文学与跨文化研究。④ 其中国别与区域研究为新增方向。这也使外国语言文学学科成为将第一个将国别与区域研究纳入学科研究方向的一级学科。2022 年 9 月，国务院学位委员会、教育部印发了《研究生教育学科专业目录（2022 年）》，区域国别学增列为新的一级交叉学科，标志着新学科

① 张卫国．语言的经济学分析：一个基本框架［M］．北京：中国社会科学出版社，2016：25.

② 郭树勇，等．新编区域国别研究导论［M］．北京：高等教育出版社，2019：2.

③ 赵蓉晖，冯健高．区域国别研究视角下的语言能力——地位与内涵［J］．外语界，2020(3)：21.

④ 国务院学位委员会第六届学科评议组．学位授予和人才培养一级学科简介［M］．北京：高等教育出版社，2013：49.

发展阶段的开始。区域国别学的跨学科建构也入选2022年度中国十大学术热点之一。① 2021年12月公布的《博士、硕士学位授予和人才培养学科专业目录(征求意见稿)》，明确规定"区域国别学"作为交叉学科中的一个一级学科，可授予法学、文学、历史学学位，更是引发了学术理论界对这一问题的高度关注和深入思考。

区域国别学在学科建设上的重大进展，与我国在近年来日益走向国际舞台的中央息息相关。可以说，正是中国向全球性大国崛起过程中催生了国内区域国别研究学科的发展。区域国别研究的产生与发展是与全新性大国崛起密切相关的，区域国别研究既是支撑大国崛起的智力保障，也是大国擘画世界格局、推动全球战略的重要体现。② 2013年，"一带一路"倡议的提出给我国区域与国别研究的发展提供了新的发展机遇，而区域国别研究为"一带一路"的推进落实提供了决策支持。

外语学科的发展需要区域国别学的视角。在很长一段时间里，外语教育中的人才培养都是以强调听说读写译等语言技能为主，为我国对外开放事业做出了重要的贡献。但是，随着"一带一路"倡议的提出，中国逐渐走向世界舞台的中心，培养的外语人才应该是"具有国际视野，通晓国际规则，能够参与国际事务和国际竞争的国际化人才"，过去以语言技能为主要培养目标的人才培养模式已不能适应时代发展的需求。在此背景下，我国外语人才培养定位应该适时调整，从"外语通"人才培养向"外国通"人才培养转型。③ 而在这一转型的过程中，区域国别学无疑是实施这一转型的重要手段。在转型的具体实施过程中，应重点关注以下两方面的内容：第一，外语教学要实施区域国别学的人才培养模式，在课程设置、师资队伍

---

① 2022年度中国十大学术热点[N/OL]. 光明日报，2022-12-30. https://m.gmw.cn/baijia/2022-12/30/36267838.html.

② 罗林，邵玉琢."一带一路"视域下国别和区域研究的大国学科体系建构[J]. 新疆师范大学学报(哲学社会科学)，2018(6)：80.

③ 肖华锋，卢婷. 从"外语通"到"外国通"——关于我国外语人才培养战略转型的思考[J]. 当代外语研究，2019(5)：26.

等方面都要向“外国通”转变。第二，要加强“一带一路”沿线区域和国家的国情、语情研究。要充分发挥外语学科的优势，加强“一带一路”沿线国家的语言政策与规划研究，为我国与“一带一路”沿线国家的对接提供有力的语言服务和保障。

第二章 “一带一路”背景下江西省关键外语研究

第一节 “一带一路”倡议的原则、框架及合作重点

2013年9月7日，国家主席习近平在哈萨克斯坦纳扎尔巴耶夫大学作题为《弘扬人民友谊 共创美好未来》的演讲，提出共同建设“丝绸之路经济带”。2013年10月3日，习近平主席在印度尼西亚国会发表题为《携手建设中国—东盟命运共同体》的演讲，提出共同建设“21世纪海上丝绸之路”。“丝绸之路经济带”和“21世纪海上丝绸之路”简称“一带一路”倡议。该倡议提出后，就得到了国际社会的高度关注。

一、“一带一路”倡议的基本原则

习近平主席在“一带一路”国际合作高峰论坛圆桌峰会上的开幕辞中指出：在“一带一路”建设国际合作框架内，各方秉持共商、共建、共享原则，携手应对世界经济面临的挑战，开创发展新机遇，谋求发展新动力，拓展发展新空间，实现优势互补、互利共赢，不断朝着人类命运共同体方向迈进。这是习近平主席提出这一倡议的初衷，也是这一倡议实现的最高目标。① 2015年3月28日，国家发展改革委、外交部、商务部联合发布了

---

① 习近平．开辟合作新起点 谋求发展新动力［EB/OL］．www.gov.cn/xinwen/2017-05/15/contents-5194130.htm，2017-05-15.

《推动共建丝绸之路经济带和21世纪海上丝绸之路的愿景与行动》，这是官方对外公开发布的首个“一带一路”文件，被称为“一带一路”建设的时间表、路线图。中国政府首次系统阐述了“一带一路”的主张与内涵，提出了共建“一带一路”的方向和任务。“一带一路”建设秉承共商、共享、共建原则；恪守联合国宪章的宗旨和原则；遵守和平共处五项原则，即尊重各国主权和领土完整、互不侵犯、互不干涉内政、和平共处、平等互利。坚持开放合作。“一带一路”相关的国家基于但不限于古代丝绸之路的范围，各国和国际、地区组织均可参与，让共建成果惠及更广泛的区域。坚持和谐包容。倡导文明宽容，尊重各国发展道路和模式的选择，加强不同文明之间的对话，求同存异、兼容并蓄、和平共处、共生共荣。坚持市场运作。遵循市场规律和国际通行规则，充分发挥市场在资源配置中的决定性作用和各类企业的主体作用，同时发挥好政府的作用。坚持互利共赢。兼顾各方利益和关切，寻求利益契合点和合作最大公约数，体现各方智慧和创意，各施所长，各尽所能，把各方优势和潜力充分发挥出来。①

二、“一带一路”倡议的顶层框架

根据中国国家主席习近平的倡议和新形势下推进国际合作的需要，结合古代陆海丝绸之路的走向，共建“一带一路”确定了五大方向：其中丝绸之路经济带有三大走向，一是从中国西北、东北经中亚、俄罗斯至欧洲、波罗的海；二是从中国西北经中亚、西亚至波斯湾、地中海；三是从中国西南经中南半岛至印度洋。21世纪海上丝绸之路有两大走向：一是从中国沿海港口过南海，经马六甲海峡到印度洋，延伸至欧洲；二是从中国沿海港口过南海，向南太平洋延伸。

根据上述五大方向，按照共建“一带一路”的合作重点和空间布局，中国提出了“六廊六路多国多港”的合作框架。“六廊”是指新亚欧大陆桥、中

① 国家发展改革委，外交部，商务部. 推动共建丝绸之路经济带和21世纪海上丝绸之路的愿景与行动[EB/OL]. http://www.xinhuanet.com//world/2015-03/28/c_1114793986.htm,2015-03-28.

蒙俄、中国—中亚—西亚、中国—中南半岛、中巴和孟中印缅六大国际经济合作走廊。“六路”指铁路、公路、航运、航空、管道和空间综合信息网络，是基础设施互联互通的主要内容。“多国”是指一批先期合作国家。“一带一路”沿线有众多国家，中国既要与各国平等互利合作，也要结合实际与一些国家率先合作，争取有示范效应、体现“一带一路”理念的合作成果，吸引更多国家参与共建“一带一路”。“多港”是指若干保障海上运输大通道安全畅通的合作港口，通过与“一带一路”沿线国家共建一批重要港口和节点城市，进一步繁荣海上合作。“六廊六路多国多港”是共建“一带一路”的主体框架，为各国参与“一带一路”合作提供了清晰的导向。①

三、“一带一路”建设合作重点

沿线各国资源禀赋各异，经济互补性较强，彼此合作潜力和空间很大。以政策沟通、设施联通、贸易畅通、资金融通、民心相通为主要内容，重点在以下方面加强合作。

（一）政策沟通

加强政策沟通是“一带一路”建设的重要保障。加强政府间合作，积极构建多层次政府间宏观政策沟通交流机制，深化利益融合，促进政治互信，达成合作新共识。沿线各国可以就经济发展战略和对策进行充分交流对接，共同制定推进区域合作的规划和措施，协商解决合作中的问题，共同为务实合作及大型项目实施提供政策支持。

（二）设施联通

基础设施互联互通是“一带一路”建设的优先领域。在尊重相关国家主权和安全的基础上，沿线国家宜加强基础设施建设规划、技术标准体系的

① 推进“一带一路”建设工作领导小组办公室. 共建“一带一路”：理念、实践与中国的贡献[EB/OL]. https://www.gov.cn/xinwen/2017-05/11/content_5192752.htm#1, 2017-05-11.

对接，共同推进国际骨干通道建设，逐步形成连接亚洲各次区域以及亚欧非之间的基础设施网络。强化基础设施绿色低碳化建设和运营管理，在建设中充分考虑气候变化影响。

(三)贸易畅通

投资贸易合作是“一带一路”建设的重点内容。宜着力研究解决投资贸易便利化问题，消除投资和贸易壁垒，构建区域内和各国良好的营商环境，积极同沿线国家和地区共同商建自由贸易区，激发释放合作潜力，做大做好合作“蛋糕”。

(四)资金融通

资金融通是“一带一路”建设的重要支撑。深化金融合作，推进亚洲货币稳定体系、投融资体系和信用体系建设。扩大沿线国家双边本币互换、结算的范围和规模。推动亚洲债券市场的开放和发展。共同推进亚洲基础设施投资银行、金砖国家开发银行筹建，有关各方就建立上海合作组织融资机构开展磋商。加快丝路基金组建运营。深化中国—东盟银行联合体、上合组织银行联合体务实合作，以银团贷款、银行授信等方式开展多边金融合作。支持沿线国家政府和信用等级较高的企业以及金融机构在中国境内发行人民币债券。符合条件的中国境内金融机构和企业可以在境外发行人民币债券和外币债券，鼓励在沿线国家使用所筹资金。

(五)民心相通

民心相通是“一带一路”建设的社会根基。传承和弘扬丝绸之路友好合作精神，广泛开展文化交流、学术往来、人才交流合作、媒体合作、青年和妇女交往、志愿者服务等，为深化双多边合作奠定坚实的民意基础。①

① 国家发展改革委，外交部，商务部. 推动共建丝绸之路经济带和21世纪海上丝绸之路的愿景与行动[EB/OL]. http://www.xinhuanet.com//world/2015-03/28/c_1114793986.htm,2015-03-28.

第二节 江西省参与“一带一路”建设的愿景与行动

江西是我国唯一同时毗邻长江三角洲、珠江三角洲、海西经济区三个经济最活跃经济区的省份，是“一带一路”的结合部，是打通中国东南部“21世纪海上丝绸之路”和西北部“丝绸之路经济带”的重要战略通道。2015年3月28日，国家发展改革委、外交部、商务部联合发布了《推动共建丝绸之路经济带和21世纪海上丝绸之路的愿景与行动》，明确了各省(市)在“一带一路”建设中的定位及对外合作重点方向。作为内陆省份省会，南昌与成都、武汉、长沙、郑州、合肥等城市一起，被列为“一带一路”经济带重要节点城市，在“一带一路”国家战略规划中被明确定位为“内陆开放型经济高地”①。

其实早在2015年2月，江西省商务厅就出台了《关于积极参与“一带一路”战略的措施和意见》的文件，提出了积极参与“一带一路”建设的33条具体措施和意见，这也是江西省第一份专门部署参与“一带一路”建设的文件。在国家层面的方案出台后，为了有效对接国家层面的战略部署，江西省政府在国家层面的规划和定位的基础上，结合江西省实际，制定了江西省“一带一路”倡议实施方案。2015年5月，江西省政府发布了《江西省参与丝绸之路经济带与21世纪海上丝绸之路建设实施方案》(赣府发〔2015〕26号文)(以下简称《方案》)，这是江西省参与“一带一路”建设具体的行动指南。该《方案》重点强调要充分发挥江西省资源生态优势和历史文化特色，以畅通对外通道为基础、以扩大经贸投资为重点、以深化人文交流为纽带、以强化平台建设为支撑，积极参与“一带一路”建设，不断拓展国际合作新空间，努力把江西省建设成为连接“一带一路”内陆战略通道、内陆开放合作高地、生态文明国际合作重要平台。为与国家“一带一

① 国家发展改革委，外交部，商务部. 推动共建丝绸之路经济带和21世纪海上丝绸之路的愿景与行动[EB/OL]. http://www.xinhuanet.com//world/2015-03/28/c_1114793986.htm,2015-03-28.

路”战略规划的目标阶段划分相一致，《方案》分别提出了近期（至 2020 年）、中期（至 2025 年）、远期（至 2050 年）三个阶段目标，并重点对近期目标进行了细化量化，有关目标值与江西省中长期经济社会发展规划及开放型经济发展目标作了衔接。

该《方案》也结合江西实际，明确了江西“一带一路”建设三大战略，即向西北，经新疆、内蒙古边境口岸，连接中亚、俄罗斯，通达中东欧、欧盟；向西南，经云南、广西边境口岸，通达越南、老挝、泰国、印度等东盟及南亚国家；向东南，经上海、宁波、厦门、深圳等沿海港口，连接海上丝绸之路，通达东盟、南亚，并延伸至南太平洋、非洲、欧洲国家。① 从经贸领域来看，江西省“一带一路”建设是继续巩固东盟与江西第一大贸易伙伴关系，积极开拓俄罗斯、中亚、中东欧、非洲等新兴市场，优化发展欧盟市场。

2019 年 5 月，习近平总书记在推动中部地区崛起工作座谈会上指出，中部地区要“扩大高水平开放，把握机遇积极参与‘一带一路’国际合作，推动优质产能和装备走向世界大舞台、国际大市场，把品牌和技术打出去”②。近两年来，江西与“一带一路”沿线国家合作日益深化，“江西建设”“江西制造”等声名远播；对“一带一路”沿线国家出口贸易额逐年上升。提升融入“一带一路”建设水平，对于江西更好地应对日益复杂的国际贸易环境，实现高质量跨越式发展，意义重大。

第三节　江西省参与“一带一路”建设的关键外语

为保证 2015 年 5 月发布的《江西省参与丝绸之路经济带与 21 世纪海上丝绸之路建设实施方案》得到有效的落实，江西省政府梳理提出了《江西省

---

① 江西省人民政府. 江西省参与丝绸之路经济带和 21 世纪海上丝绸之路建设实施方案[EB/OL]. https://www.yidaiyilu.gov.cn/p/1806.html, 2016-10-09.

② 习近平. 贯彻新发展理念推动高质量发展 奋力开创中部地区崛起新局面[EB/OL]. http://cpc.people.com.cn/n1/2019/0523/c64094-31098722.html, 2019-05-23.

参与“一带一路”建设优先推进项目(2015—2017)》，共涉及5个方面26类项目，起草了《2015年江西省参与丝绸之路经济带和21世纪海上丝绸之路建设工作要点》，并于2016年、2018年和2020年分别发布了当年《江西省参与“一带一路”建设工作要点》。这些建设工作要点内容主要涉及深化国际交流合作、完善互联互通设施、深化国际产能合作、促进贸易投资升级、密切人文交流合作、打造重点合作平台等重点领域。本节将根据历年江西省官方公布的具体项目资料文件，包括《江西省参与“一带一路”建设优先推进项目(2015—2017)》《江西省2016年参与“一带一路”建设重点国别和重点项目表》《江西省2018年参与“一带一路”建设重点项目清单》《江西省2020年参与“一带一路”建设重点国别和重点项目表》，从政治、经济、文化交流、教育、旅游、医疗援助等领域入手，认真考察和分析江西省国际友城交往活动、江西省知名企业在“一带一路”沿线国家的主要经济合作项目、江西省和“一带一路”沿线国家在文化、教育、医疗领域的合作交流情况，梳理和研究江西省参与“一带一路”建设中所需要的关键外语。

一、各级政府层面的友好省州(市)建设

江西省在政治层面参与“一带一路”建设更多地体现在江西省与“一带一路”沿线国家的友好省州(市)的建设上。《江西省参与“一带一路”建设优先推进项目(2015—2017)》明确提到，继续深化江西省与俄罗斯雅罗斯拉夫尔州、柬埔寨暹粒省、菲律宾保和省、匈牙利奥普伦州友好省州关系，推进与法国香槟阿登大区、德国黑森州等友好省州的产业合作，发展与俄罗斯巴什科尔托斯坦共和国、彼尔姆边疆区友好省州关系。继续深化南昌市与马其顿共和国斯科普里市、九江市与斯洛文尼亚科佩尔市、九江市与波兰莱基奥诺沃市、鹰潭市与乌克兰依久姆市、宜春市与匈牙利蒂萨铁堡市、上饶市与俄罗斯苏兹达里市、德兴市与匈牙利蒂萨新城友好城市关系，推进南昌市与俄罗斯乌法市建立友城关系。① 因此，在政治层面，

① 江西省人民政府. 江西省参与丝绸之路经济带和21世纪海上丝绸之路建设实施方案[EB/OL]. https://www.yidaiyilu.gov.cn/p/1806.html, 2016-10-09.

江西省及其下属地级市在参与"一带一路"建设时需要重点关注以下10个国家：俄罗斯、柬埔寨、菲律宾、匈牙利、法国、德国、马其顿、斯洛文尼亚、波兰、乌克兰。其中作为江西省及其下属地级市的友好省州(市)，俄罗斯共出现了5次，匈牙利出现了3次，其余8个国家各出现了1次。

二、江西企业的对外经贸合作项目

纵观江西省政府自2015年以来发布的参与"一带一路"建设的官方文件，政府最为关注的还是如何积极鼓励江西省企业参与"一带一路"建设，推动对外经贸合作项目建设。在江西企业走出国门，参与"一带一路"建设的过程中，必定要涉及对象国语言的使用问题。从过去几年公布的参与"一带一路"建设的官方文件可知，江西企业重点参与的项目主要可分为基础设施建设项目、产业经贸合作项目两大类。

(一)基础设施建设项目

自2015年以来，江西企业在参与"一带一路"国家和地区项目建设的过程中，基础设施项目的建设占据了很大一块比重。在过去5年，江西企业参与"一带一路"国家和地区基础设施项目共33项。在"一带一路"沿线国家和地区，"江西建设"的品牌也越来越响亮。

在项目涉及的沿线具体国家中，江西企业在赞比亚的承建项目最多，多达7项，其中就包括江西国际经济技术合作有限公司承建的赞比亚卢萨卡—恩多拉320公里沥青道路升级项目，总投资高达12.46亿美元。江西企业承建项目数排在第二位的是孟加拉国，共承建了5个项目，其中江西建工集团承建的Jhilmil住房建设项目的总投资额高达12.4亿美元。除了赞比亚和孟加拉国外，江西企业还在肯尼亚、贝宁、印度尼西亚承担了较多的基础设施项目，以上三个国家的基础设施项目数都是4个。2020年，江西企业还在坦桑尼亚承担了港口和跨海大桥项目各1个。此外，江西企业还在几内亚、加纳、尼泊尔、越南、柬埔寨、印度、赤道几内亚共7个国家分别承担了1个基础设施项目。

(二)产业、经贸合作类项目

在经贸领域，除了基础设施项目的建设外，产业和经贸合作类项目占据了所有合作项目的半壁江山，共计116项。例如2018年的“一带一路”重点建设项目清单中，产业投资合作类项目共有14个，分别涵盖了制造加工、农业、建材、矿业、建筑业和光伏产业。

从产业经贸合作项目的区域和国别来看，自2015年以来，江西一共与“一带一路”沿线共38个国家进行了产业、经贸类的项目合作。这些国家包括13个亚洲国家：马来西亚、印度尼西亚、泰国、新加坡、柬埔寨、巴基斯坦、老挝、韩国、孟加拉国、缅甸、越南、哈萨克斯坦、蒙古国；10个非洲国家：埃及、埃塞俄比亚、肯尼亚、赞比亚、赤道几内亚、刚果(金)、乌干达、喀麦隆、利比里亚、尼日利亚；4个中东国家：以色列、土耳其、伊朗、阿富汗；6个西欧和美洲国家：英国、德国、美国、墨西哥、意大利、丹麦；3个东欧国家：俄罗斯、乌克兰、白俄罗斯；以及2个大洋洲国家：澳大利亚和新西兰。

在这些国家中，江西企业在赞比亚的合作项目最多，达15项；俄罗斯次之，共14项。另外，合作项目超过4项的“一带一路”沿线国家还有：肯尼亚8项；印度尼西亚7项；巴基斯坦5项；澳大利亚5项；埃塞俄比亚4项；缅甸4项。其余国家的项目数都在3项或3项以下。

三、跨境合作产业园建设项目

除了基础设施建设项目和产业、经贸合作项目外，江西与“一带一路”沿线国家还致力于产业园区合作建设。自2015年以来，江西就致力于推进埃塞俄比亚国际轻工业城、柬埔寨国际工业城、格鲁吉亚国际商贸城、俄罗斯巴什科尔托斯坦共和国中俄国际商贸城建设。2018年，江西计划在境外建设7个合作园区，分别是赞比亚江西工业园、赞比亚“一带一路”产业园、江西(马来西亚)现代农业科技产业园、格鲁吉亚江西商务园区、乌克兰华盟农业合作园区、乌克兰江西产品展示中心和白俄罗斯共青羽绒加工区。此外，江西还致力于发挥江西农业大省的优势，在“一带一路”沿线国家进行农业示范中心建设，目前已在非洲的赤道几内亚和多哥建立了国家级农业示范中心。江西正邦集团在南非设立农业产业园，九江欧文斯建材公司已在俄罗斯巴什科尔托斯坦共和国、彼尔姆边疆区开展了农业大棚种植基地建设。另外，也鼓励“一带一路”沿线国家在江西设立产业园。目前已设立或正在进行的项目有：南昌高新区以色列生物医药产业园、南昌临空经济区中德 4.0 工业园、上饶经开区德国产业园、南昌高新区伏尔加产业园，并积极推动新加坡等国家到江西省设立产业园区。

在 20 项江西跨境合作产业园中，俄罗斯共计 4 项；赞比亚、德国、格鲁吉亚、乌克兰各 2 项；柬埔寨、埃塞俄比亚、马来西亚、南非、赤道几内亚、多哥、以色列、新加坡各 1 项。

四、文化交流类项目

自 2015 年以来，我省通过文化交流类项目，积极参与“一带一路”建设。这些项目包括：承建文化部葡萄牙里斯本中国文化中心，建设南昌大学俄语中心，举办 2015 年“中俄青年友好交流年”等重大文化交流活动，举办 2016 年中俄“两河流域”青年论坛系列交流活动，联合英方共同举办纪念汤显祖和莎士比亚逝世 400 周年系列文化交流活动，推进与韩国全罗南道在人文、旅游等领域的合作，江西省出版集团与英国麦克米伦出版公司(Macmillan Publishers Limited)建立出版合作，景德镇陶瓷文化旅游发展集团与英国伦敦的设计院校展开文化产业合作项目，建立中法世界(万年)稻学文化研学基地，开展世界稻作文化博览园合作项目，举办柬埔寨文化旅游推介会，等等。

文化交流项目涉及“一带一路”沿线国家的项目总共有 10 项，其中俄罗斯和英国各 3 项；法国 2 项；韩国、柬埔寨各 1 项。

五、教育、科技合作项目

教育合作项目主要涉及江西高校与“一带一路”沿线国家共建孔子学

院，省内高校或研究机构与“一带一路”沿线国家开展科研合作等。具体包括继续加强九江学院柬埔寨王家学院孔子学院、南昌大学印度尼西亚哈山努丁大学孔子学院建设，深入开展南昌大学与俄罗斯彼尔姆国立大学、华东交通大学与俄罗斯彼尔姆国立科研理工大学的合作与交流，积极推进南昌大学与俄罗斯巴什基尔国立医科大学、华东交通大学及新余学院与俄罗斯萨马拉国立大学的合作与交流，积极筹备江西理工大学与巴基斯坦旁遮普大学孔子学院的协议签署及揭牌活动，努力推进南昌大学、南昌师范学院与印度尼西亚乌达雅纳大学合作共建乌达雅纳大学孔子学院、东华理工大学与尼泊尔特里布汶大学联合申办筹建孔子学院①。此外，还包括东华理工大学与柬埔寨租赁式太阳能发电技术应用示范项目、江西省农科院与菲律宾共建“中菲水稻联合实验室”项目、德兴市荣兴苗木有限责任公司与法国萨福公司福禄紫枫欧洲适应性试验和推广项目。

教育、科技合作项目涉及“一带一路”沿线国家的项目总共有 12 项，其中俄罗斯 4 项；印度尼西亚和柬埔寨各 2 项；巴基斯坦、菲律宾、尼泊尔、法国各 1 项。

六、对外医疗合作项目

对外医疗合作项目主要包括对外医疗援助和援外创新项目、江西中医药推广合作项目、医疗研发建设项目等类别。具体包括江西中医药大学与俄罗斯巴什科尔托斯坦共和国尤玛达瓦疗养院巴国长江中医馆项目、江西中医药大学在巴基斯坦开展的中巴中医药产业园项目、江西省卫健委在突尼斯和乍得的各 2 个援外医疗和援外创新项目、南昌大学附属眼科医院在乍得开展的中乍友谊医院眼科中心项目、东华理工大学与俄罗斯联邦卫生部研究中心联合建设的质谱科学与仪器俄罗斯研发中心项目等。

对外医疗合作项目涉及“一带一路”沿线国家的项目总共有 8 项，其中

---

① 江西省人民政府. 江西省参与丝绸之路经济带和 21 世纪海上丝绸之路建设实施方案[EB/OL]. https://www.yidaiyilu.gov.cn/p/1806.html, 2016-10-09.

包括乍得3项；俄罗斯和突尼斯各2项；巴基斯坦1项。

七、江西省参与“一带一路”建设关键外语统计

统计说明：第一，统计的国家语言专指各国的国语或官方语言。第二，国语或官方语言超过一种的，选择全球范围内使用更为广泛的语言进行统计。如巴基斯坦的官方语言为乌尔都语和英语两种，则选择英语进行统计。第三，有些语言在不同的国家有不同的名称或变体，本书把它们暂且看作同一种语言。例如，马来语和印尼语。

上述各影响因素涉及“一带一路”沿线国家56个，共29种语言(各国仅以国语或官方语言为代表，下同)，215项具体的项目。由于与某个国家合作项目的数量直接关系到江西省使用该国语言的频率和对该国语言的需求程度。因此，本书将以具体项目数量为依据，将上述各类项目中提到的国家和项目数量以语言的形式进行汇总，每个“一带一路”沿线国家涉及的每一个具体合作项目计算1次。具体统计结果如下：16种语言出现的次数在2次以下(限于篇幅，数据省略)，说明这些语言对于江西省的“一带一路”建设而言并不“关键”；13种语言出现了3次以上。

表2-1　江西省参与“一带一路”建设关键外语统计

序号	语言	次数	序号	语言	次数
1	英语	80	8	乌克兰语	4
2	俄语	33	9	缅甸语	4
3	法语	21	10	阿姆哈拉语	4
4	马来语/印尼语	16	11	韩语	3
5	柬埔寨语	9	12	匈牙利语	3
6	阿拉伯语	6	13	越南语	3
7	德语	6			

从以上统计来看：英语、俄语、法语、马来语/印尼语四种语言出现

的次数都在 15 次以上。其中，英语出现的次数最多，因为除了英国、美国、澳大利亚、新西兰等英语国家外，非洲的赞比亚、南亚的巴基斯坦等官方语言也为英语。俄语和法语也为世界强势语言，马来语(印尼语)在东南亚的马来西亚、印尼、文莱、新加坡等几个国家使用，这些国家在许多方面对中国都有影响。因此，以上 4 种语言当之无愧地成为江西省参与“一带一路”建设的一级关键外语。另外，柬埔寨语、阿拉伯语、德语这 3 种语言出现的次数都在 5~10 次。柬埔寨一直与我国各方面联系紧密，阿拉伯语是中东多个国家的官方语言，德语也是世界强势语言，因此，将柬埔寨语、阿拉伯语、德语列为江西省参与“一带一路”建设的二级关键外语。乌克兰语、缅甸语、阿姆哈拉语、韩语、匈牙利语、越南语这 6 种语言出现的次数均在 5 次以下，且语言涉及国家较为单一，也非强势语言，因此不把以上 6 种语言定义为江西省参与“一带一路”建设的关键外语。

第三章 “一带一路”背景下江西省外语人才培养

在语言规划中，语言教育规划是其重要组成部分。而在“一带一路”倡议提出后，外语教育的重要性更加凸显。截至2021年年底，“一带一路”沿线国家共涉及170多个国家和地区。高质量的外语教育是我国有效对接众多“一带一路”沿线国家，真正实现政策沟通、设施联通、贸易畅通、资金融通、民心相通的重要保障。本章重点关注“一带一路”建设背景下，江西省外语教育规划中的外语人才培养问题，主要包括江西省外语专业设置现状、江西省外语人才培养模式、江西省外语专业课程设置、外语师资队伍建设等内容。

第一节 江西省高校外语专业设置现状

本部分就以下两个问题进行研究：

(1)目前江西省高校外语专业语种设置情况如何？

(2)目前江西省高校外语专业招生人数、招生班级、招生层次情况如何？

通过查阅江西省各类高校2021年本、专科招生计划以及2022年硕士、博士招生简章，本节统计了相关高校的招生数据。从江西省高校外语专业招生的层次来看，目前，江西省高校外语专业招生层次主要包括专科、本科、研究生三个层面。在专科教育层面，江西外语外贸职业学院是江西省乃至全国高职院校中外语教育的领头羊和排头兵。该校是江西省唯一一所以培养外语和外经贸应用人才为主的高职院校。该校突出“外”字办学特色，设有英、日、德、韩、法、阿、西、葡、俄、意、波斯等11个语种，其中“一带一路”沿线国家官方语言7种，涵盖90%以上的国家，是全国开设外语语种最多的公办高职院校，部分专业如应用德语专业在全国高职院校专业排名中独占鳌头。可以说，在专科层面的外语专业设置上，江西走到了全国前列。江西外语外贸职业学院的外语语种专业都被冠名“应用”二字，这与专科层面外语教育的典型特征是相符合的。专科层面的外语教育突出应用性，以就业为导向，强调训练和提升学生的语言应用能力。

依据2021年专科统招招生计划，江西外语外贸职业学院英语专业和日语专业在招生人数上遥遥领先。英语类共招三个专业(商务英语、应用英语、旅游英语)，共270人；日语类共招三个专业(商务日语、应用日语、旅游日语)共200人；俄语、法语、德语、西班牙语、葡萄牙语、意大利语等专业的招生人数在65~80人；韩语、阿拉伯语、波斯语等专业的招生人数在70~80人。

在本科教育层面，江西省公办本科高校的外语人才培养几乎均由各个高校的外国语学院、国际教育学院、人文学院承担。通过查阅江西省公办本科高校各外国语学院、国际教育学院官网的最新统计数据，以及对其相关负责人的访谈，统计得出江西省高校外语专业语种设置情况。经过调查得出，江西省几乎所有公办本科高校都至少开设了一个外语语种专业，具体语种分布情况见表3-1。

表3-1 江西省公办本科高校开设外语语种统计

序号	语种	开 设 高 校	总计
1	英语	南昌大学、江西师范大学等24所公办本科院校	24所
2	日语	南昌大学、江西师范大学、江西财经大学、江西农业大学、东华理工大学、江西理工大学、赣南师范大学、井冈山大学、景德镇陶瓷大学、江西科技师范大学、九江学院	11所

续表

序号	语种	开设高校	总计
3	法语	南昌大学、江西师范大学、南昌航空大学、江西科技师范大学、南昌工程学院、宜春学院	6所
4	德语	南昌大学、南昌航空大学、井冈山大学	3所
5	西班牙语	南昌大学、井冈山大学	2所
6	俄语	南昌大学、江西师范大学	2所
7	葡萄牙语	华东交通大学	1所
8	朝鲜语	江西师范大学	1所

注：统计数据截止至2023年6月。

从以上统计可以看出，江西省公办本科院校共开设了英、日、法、德、俄、西、葡、韩共8个语种的外语专业。在这8个语种中，英语、日语、法语专业是省内高校开设最多的3个语种。其中英语是省内高校开设最多的语种，24所公办本科院校均开设了英语专业；有接近一半的公办本科院校开设了日语专业，共11所；6所公办本科院校开设了法语专业；剩余5种外语的开设高校较少，只有3所公办本科院校开设了德语专业，2所高校开设了西班牙语专业，2所高校开设了俄语专业，葡萄牙语和韩语在江西省内公办本科高校中都各只有1所高校设置了相应专业。

在江西省公办本科高校中，南昌大学开设的外语语种最多，共开设了英、日、德、法、西、俄6个语种；江西师范大学次之，共开设了英、法、日、韩、俄5个语种；井冈山大学共开设了英、日、德、西4个语种；南昌航空大学和江西科技师范大学各开设了3个语种；其他高校开设的外语语种数量都在2种以下；而有9所公办本科高校只开设了英语这1个外语语种专业(见表3-2)。

表 3-2 江西省公办本科高校外语语种开设数统计

高　　校	开设外语语种	外语语种数
南昌大学	英语、日语、德语、法语、西班牙语、俄语	6
江西师范大学	英语、日语、法语、俄语、韩语	5
井冈山大学	英语、日语、德语、西班牙语	4
南昌航空大学	英语、德语、法语	3
江西科技师范大学	英语、日语、法语、	3
江西财经大学	英语、日语	2
江西农业大学	英语、日语	2
华东交通大学	英语、葡萄牙语	2
东华理工大学	英语、日语	2
江西理工大学	英语、日语	2
赣南师范大学	英语、日语	2
景德镇陶瓷大学	英语、日语	2
南昌工程学院	英语、法语	2
宜春学院	英语、法语	2
九江学院	英语、日语	2

注：统计数据截止至 2023 年 6 月。

从语种数量设置上看，江西省公办本科高校设置的外语语种数量不多，只有 8 种，这与江西省地处中部地区，不沿海、不沿边的地理位置有关。从语种选择上看，江西省本科高校在外语专业设置上，基本上还是选择英语、法语、日语等强势语言，很少有高校根据江西省“一带一路”建设的需要进行外语语种的规划和调整。“一带一路”倡议提出后，各省、各地都在根据本地的实际需要，调整高校的语种布局，使得外语专业的开设能够满足“一带一路”建设的需求。从这个角度来说，江西省本科高校的专业建设亟须调整建设思路，根据新时期的社会需求，不断进行外语语种布局的优化和调整。

从江西省本科高校招生情况来看，英语专业的招生人数在外语专业中占据绝大多数，非通用语专业招生人数较少。以开设外语语种数最多的两所高校南昌大学和江西师范大学为例。南昌大学外国语学院每年招收英语专业5个班，日语专业2个班，德语、法语、西班牙语、俄语各1个班；非通用语种招生人数总共140人左右。而江西师范大学外国语学院和国际教育学院每年招收英语专业10个班、日语专业3个班、法语专业2个班、俄语专业1个班，每班40人左右；朝鲜语专业15~20人。

为深入落实全国教育大会以及相关系列文件要求，推动“四新”建设，做强一流本科、建设一流专业、培养一流人才，全面振兴本科教育，提高高校人才培养能力，实现高等教育内涵式发展，教育部办公厅于2019年4月9日正式发布《关于实施一流本科专业建设“双万计划”的通知》，计划2019—2021年，建设10000个左右国家级一流本科专业点和10000个左右省级一流本科专业点。①

江西省高校在过去的三年按照教育部的要求，积极开展一流本科专业点建设，在外语类专业点的建设上取得了以下成绩，如表3-3所示：

表3-3 江西省高校外语类专业一流本科专业建设点名单

高 校	专业名称	入选年份	专业级别
南昌大学	英语	2019	国家级一流本科专业
	日语	2021	国家级一流本科专业
	俄语	2021	省级一流本科专业
	法语	2021	省级一流本科专业
江西师范大学	英语	2019	国家级一流本科专业
	商务英语	2021	国家级一流本科专业
江西财经大学	商务英语	2021	国家级一流本科专业

① 教育部办公厅. 关于实施一流本科专业建设“双万计划”的通知[EB/OL]. http://www.moe.gov.cn/srcsite/A08/s7056/201904/t20190409_377216.html, 2019-04-09.

续表

高校	专业名称	入选年份	专业级别
华东交通大学	翻译	2021	国家级一流本科专业
东华理工大学	英语	2021	国家级一流本科专业
赣南师范大学	英语	2020	国家级一流本科专业
南昌航空大学	英语	2020	国家级一流本科专业
江西科技师范大学	英语	2021	省级一流本科专业
南昌师范学院	商务英语	2021	省级一流本科专业
江西农业大学	英语	2021	省级一流本科专业

注：统计数据截止至2022年12月。

从以上江西省高校一流本科专业建设点的统计情况来看，在过去的三年中，全省外语类专业点共获批国家级一流本科专业建设点9个，省级一流本科专业5个。从学校分布来看，只有南昌大学和江西师范大学两所高校的国家级一流本科专业超过2个；另外还有5所省内高校的国家级一流本科专业为1个；南昌大学获批2个省级一流专业建设点，江西科技师范大学、江西农业大学、南昌师范学院分别获批1个省级一流专业建设点。从语种分布来看，全省高校中，只有南昌大学的日语专业获批国家一流本科专业建设点，南昌大学的俄语和法语专业获批省级一流本科专业建设点，其他获批专业均为英语语种。总体上看，江西高校外语专业建设取得了较好的成绩，但是语种分布不均匀，尤其是能支撑“一带一路”建设的高水平语种专业的建设还亟须加强。

在研究生教育层面，目前在江西省高校中提供外语类研究生教育的高校有南昌大学、江西师范大学、江西财经大学、南昌航空大学、华东交通大学、江西理工大学、江西农业大学、赣南师范大学、景德镇陶瓷大学、东华理工大学、江西科技师范大学、南昌工程学院共12所高校。但是这些高校均只是外语专业硕士点授权单位，不是外语专业博士点授权单位。虽然江西师范大学有“现代语言理论与语言应用”二级博士点，但其是挂靠在其他学院下面的二级博士点方向，江西省还没有真正意义上的外语专业博士学位授权点，而这也是制约江西高校培养高层次外语人才的重要因素。在以上高校的硕士点建设上，南昌大学、江西师范大学、江西财经大学、南昌航空大学、赣南师范大学五所高校拥有外国语言文学一级学科硕士点。而华东交通大学、江西理工大学、景德镇陶瓷大学、南昌工程学院等理工科高校则设有翻译专业的专业硕士点。江西农业大学、东华理工大学、江西科技师范大学则与各自高校的教育学院合作，开设了学科英语的专业硕士点(见表3-4)。

表3-4 江西省高校外语类专业硕士点统计

高 校	一级学科硕士点	二级学科硕士点	专业硕士学位授权点
南昌大学	外国语言文学	英语语言文学、日语语言文学、俄语语言文学、外国语言学及应用语言学	翻译硕士
江西师范大学	外国语言文学	英语语言文学、外国语言学与应用语言学、跨文化研究和学科教学论(英语教学论方向)、商务英语、日语语言文学	教育硕士(英语教育学)、英语翻译、日语翻译
南昌航空大学	外国语言文学	英语语言文学、外国语言学与应用语言学、德语语言文学	翻译硕士
江西财经大学	外国语言文学	英语语言文学、外国语言学及应用语言学	英语翻译、日语翻译
赣南师范大学	外国语言文学	英语语言文学	学科教学(英语)、翻译硕士
江西科技师范大学	/	比较文学与世界文学	学科教学(英语)、翻译硕士、
江西农业大学	/	/	学科教学(英语)

续表

高 校	一级学科硕士点	二级学科硕士点	专业硕士学位授权点
华东交通大学	/	/	学科教学(英语)、翻译硕士
东华理工大学	/	/	学科教学(英语)
江西理工大学	/	/	翻译硕士
景德镇陶瓷大学	/	/	翻译硕士
南昌工程学院	/	/	翻译硕士

注：统计数据截止至2023年6月。

从外语专业硕士研究生招生情况来看，2022年江西师范大学外语专业硕士招生人数最多，总共达128人，其中学术型硕士36人，专业硕士92人。从语种上看，英语硕士121人，占总数的95%；而日语硕士只有7人。南昌大学外国语学院2022年共招收硕士38人，其中学术型硕士14人，专业硕士24人。英语专业硕士34人，日语硕士3人，俄语硕士1人。南昌航空大学2021年外国语学院共录取研究生31人，其中学术型硕士12人，专业硕士19人。英语专业硕士28人，德语硕士3人。从以上三所高校硕士研究生招生情况来看，专业硕士的招生人数远高于学术型硕士的招生人数，这也与国家提倡的扩大专业硕士招生比例相符合。从语种上看，95%以上的硕士研究生招收的都是英语专业的研究生，非通用语种硕士研究生招生数很少，各校每年招生均未超过10人。从整体上看，江西省高校非通用语种研究生教育还较为滞后，与发达省份相比还有较大的差距。

“一带一路”倡议的提出给江西省高校外语人才培养带来了新的机遇，

也提出了新的要求。在分析得出江西省参与“一带一路”建设的7种关键外语后，对比江西省高校外语专业人才培养的现状，在高校外语语种规划以及专业建设上，笔者提出了以下三条建议和策略：

第一，补齐语种设置短板，助力江西省“一带一路”建设。将江西省参与“一带一路”建设的两级关键外语与高校目前已开设的语种进行对比后得出，目前省内高校在外语语种设置上有一定的随意性，没有根据“一带一路”建设的需求进行外语语种设置规划和调整。具体来看，7种关键外语中，开设俄语专业的江西本科高校太少，只有南昌大学和江西师范大学2所高校。而在江西省的“一带一路”建设项目中，与俄罗斯的合作项目数量最多，各项项目数量总计32项，开设俄语专业的高校数量同江西省与俄罗斯在各领域如火如荼地进行合作的情形极不匹配。另外，省内高校未开设马来语/印尼语、柬埔寨语和阿拉伯语。关键外语语种的缺失将对江西省的“一带一路”建设产生不利影响。因此，应尽快鼓励省内高校加强相关语种的师资储备，尽快为开设俄语、马来语/印尼语、柬埔寨语和阿拉伯语专业做好准备。同时，从统计中发现，开设日语专业的江西高校较多，多达11所，但日语并不是江西省参与“一带一路”建设的关键外语。因此，不鼓励江西本科高校新增日语专业。

第二，在加强江西急需小语种建设的同时，也需保持头脑冷静，避免一拥而上，贪多求全。随着“一带一路”建设的开展，中国各大语言类高校纷纷增设“一带一路”沿线国家非通用语种专业。以我国外语界最高学府北京外国语大学为例，自“一带一路”倡议提出后，北京外国语大学的外语语种数扩大了两倍，基本形成了“一带一路”沿线非通用语种群布局，其外语语种数量目前已超过100种。而云南、广西等边疆省份和民族地区高校，在“一带一路”倡议提出后，则充分发挥自身的地域和民族优势，不断加大东南亚各国语言尤其是跨境语言的建设力度。例如，云南民族大学已成为西南地区首个开齐南亚、东南亚15个语种专业的学校。江西作为内陆省份，不靠海、不沿边，不如云南、广西等省份有地域优势，也不存在跨境语言问题。因此，特别要注意要保持头脑冷静，不能和云南、广西一样，大规模地开设“一带一路”沿线国家语种。而是要在充分调研的基础上，根据自身参与“一带一路”建设的实际需求，有选择性地开设与“一带一路”建设相关的语种。在高校资源有限的情况下，基于语言本身的原因，可考虑优先开设影响力更广的俄语和阿拉伯语这两种语言。

第三，加强外语专业高层次人才培养，提升江西高校外语专业学科建设的整体水平。迄今为止，江西省仍没有外语专业博士点，这也是江西省高层次外语人才培养的最大障碍之一。而且除了英语专业外，其他语种的硕士点数量也非常有限。目前，全省范围内非英语专业硕士点只有南昌大学的日语语言文学和俄语语言文学，江西师范大学的日语语言文学和日语翻译，南昌航空大学的德语语言文学，江西财经大学的日语翻译共 4 所高校 6 个硕士点，且各非英语专业硕士点招生人数普遍较少，都是个位数级别。江西省高校应以“一带一路”建设为契机，不断加大非通用语学科建设的力度，补齐全省范围内法语、西班牙语等语种硕士点为零的短板。此外，还要集全省之力申报外语专业博士点，早日结束江西高校无外语专业博士点的尴尬历史。

第二节　江西省高校外语人才培养模式

“人才培养模式”是指在一定的现代教育理论、教育思想指导下，按照特定的培养目标和人才规格，以相对稳定的教学内容和课程体系，管理制度和评估方式，实施人才教育过程的总和。对于“人才培养模式”这个概念我国很多学者都对其下过定义。1998 年在教育部召开的第一次全国普通高校教学工作会议上，时任教育部副部长周远清同志曾对这一概念做出过阐述，他认为所谓的人才培养模式，实际上就是人才的培养目标和培养规格以及实现这些培养目标的方法或手段。外语人才培养模式的选择直接关系到外语人才培养的质量。江西省高校目前的外语人才培养模式大致可分为以下四个类别：

一、以单一语言技能培养为主的外语人才培养模式

该模式的主要实施对象是江西高校开设的非英语语种的外语专业，例如省内高校的法语、日语和俄语专业。由于此类专业的绝大多数学生在进入大学之前从未接触过该外语，实际上在进入大学后才“从零开始学外语”，基础的语言知识和语言技能的训练自然就占据了课程体系中的绝大多数学时。以江西师范大学日语专业为例，该专业的培养目标为：培养德智体美全面发展，日语语言扎实，中日文化知识及相关专业知识比较广博，综合素质高，适应能力强，具有较强的创新能力、思维能力和交际能力以及较强的日语口笔译实践能力，够能在外事、商贸、科技、文化、旅游、教育等领域从事翻译实践的应用型人才。①

从日语专业的专业课程来看，该专业的专业课程包括两大类：专业必修课程和专业选修课程。其中，专业必修课程包括大学英语、基础日语、日语视听、日语语音、日语口语、日语演讲、日语写作、日语泛读、日语语法、高级日语、日本国家概况、日本近现代文学史及作品选读、日语语言学、日汉翻译、日语报刊选读、日汉口译。专业选修课程包括日本史、日本文化史、日本古代文学、日语影视欣赏、日语古典语法、日本礼仪、旅游日语、商务日语、国际营销等。② 从以上课程安排可以看出，该专业的专业课程基本上都是日语语言、日本文化等相关课程，这种人才培养模式以语言基础知识和语言技能培养为主。

江西高校的其他非英语外语专业，如南昌大学的法语、日语、西班牙语，江西师范大学的法语、俄语，南昌航空大学的法语、德语等在专业介绍中提到在培养学生语言基本功的同时，鼓励学生学习其他专业的相关课程，如南昌大学法语专业就鼓励其学生辅修金融、会计、法学等专业的双

---

① 江西师范大学外国语学院．日语专业介绍［Z/OL］．https：//flc.jxnu.edu.cn/2015/0623/c3297a217861/page.htm，2021-05-26.

② 江西师范大学外国语学院．日语专业介绍［Z/OL］．https：//flc.jxnu.edu.cn/2015/0623/c3297a217861/page.htm，2021-05-26.

学位，培养以法语专业知识为中介工具，结合经济、法律等知识的学习，把学生培养成以法语为主体专业、贯通经济学、法学等专业的综合类高级专门人才为目标。但是从该专业的整体课程结构来看，仍改变不了该专业以语言基础知识和基本技能为主的人才培养模式的本质。

二、“英语+教育”的英语师范生人才培养模式

“英语+教育”外语人才培养模式的实施主体主要是省内师范类高校，如江西师范大学、赣南师范大学、南昌师范学院、上饶师范学院等省内高等师范类院校的英语专业都采用了“英语+教育”的英语师范生人才培养模式。

省内师范类高校普遍依托自身师范类专业优势，将英语语言技能与教师教育相结合，致力于培养语言基本功扎实、具备良好的教师素养、能够从事英语课堂教学的中小学英语教师。2017 年起，教育部开始推行师范专业认证，师范类高校的英语专业开始对标师范专业的要求，合理设置语言技能类课程与教师教育类课程的比例。师范专业认证分为三个等级，分别对应基本要求、合格标准、卓越标准三个层次。师范专业认证的指标体系中明确规定了专业类课程的比例、教学教育类课程的最低学分，以及实践环节的最低时长。以中学教育第一认证为例，教师教育类的必修课程不得少于 10 个学分，总学分不得少于 14 个学分；人文社会与科学素养课程学分占总学分比例不少于 10%；学科专业类课程学分占总学分的比例要大于或等于 50%；教育实践时间①要不得少于 18 周。各师范类高校英语专业按照师范专业认证的要求修订人才培养方案，重新确定人才培养的目标(毕业后 5 年达到的要求)、毕业要求(“一践行三学会”)以及两者的对应关系。同时按照师范专业认证的要求重构课程体系。

以南昌师范学院英语专业为例，该专业的人才培养方案在 2020 年按照

① 教育实践包括教育见习、教育实习、教育研习等环节。教育实践时间指以上各环节的累计时长。

师范专业认证的要求进行了全面的修订。该专业的培养目标为：贯彻党的教育方针和国家教师教育政策要求，根据新时代基础教育改革发展的需求，立足江西、面向全国，致力于培养富有高尚师德、深厚教育情怀，德智体美劳全面发展，具备扎实的英语学科知识和教育理论基础、较强的教育教学能力和跨文化交际能力，具有良好的创新意识、终身学习和持续发展的意识和能力，毕业后能够胜任中学英语教学、研究和管理工作的英语教育人才，五年后具备中学英语教育领域骨干教师的潜质。修订后的人才培养方案也按照“一践行三学会”明确了英语专业师范生在毕业时应达到的要求，同时还通过矩阵图明确了毕业要求对培养目标的支撑关系(见表 3-5)。

表 3-5　“培养目标—毕业要求”对应关系矩阵

培养目标 / 毕业要求		师德高尚	善学乐教	善于育人	持续发展
践行师德	1. 师德规范	H	L	M	M
	2. 教育情怀	H	M	M	M
学会教学	3. 学科素养	M	H	H	M
	4. 教学能力	L	H	M	H
学会育人	5. 班级指导	H	L	H	L
	6. 综合育人	M	M	H	L
学会发展	7. 学会反思	L	H	L	H
	8. 沟通合作	M	M	L	H

说明：根据毕业要求对各项培养目标的支撑强度分别用“H(高)、M(中)、L(低)”表示该毕业要求对培养目标贡献度的高低。

三、“英语+第二外语”的复语人才培养模式

该模式以南昌大学英语专业的英日复语以及华东交通大学英语专业的英西复语外语人才培养为典型代表。

南昌大学是江西省最早尝试进行复语人才培养的高校。南昌大学的英语专业在人才培养中尝试让学生同时掌握英语和日语两种语言。南昌大学英语专业的英日方向旨在培养英、日双外语复合应用型人才。注重培养学生英语和日语听、说、读、写、译等扎实的语言技能。在强化学生英、日两种外语功底的同时，使学生通过其所学外语获取广博的文化知识，提高个人素质。该专业方向还注重培养学生独立思考的能力和自主创新的能力，使学生在外事、教育、经贸、文化、科技、旅游、军事等部门从事翻译、教学、管理和研究等工作中能熟练地运用英语和日语。

华东交通大学依托学校工科背景，顺应社会发展需求和服务“一带一路”建设，坚持实施“英语+”人才培养特色。其英语专业的英西复语方向开设基础西班牙语、高级西班牙语、会话、听力、语音、西班牙及拉美国家概况、商务西班牙语等核心课程。该专业还开设了交通运输工程翻译、FIDIC 合同条件应用实务等特色课程，培养兼备跨学科、跨文化能力和批判创新能力的复合型高级外语人才。毕业生具有扎实的语言功底、兼具复合知识背景，受到涉外贸易、国际工程、交通系统等用人单位的青睐。

四、“英语+国际贸易/商务”的复合型外语人才培养模式

采取该人才培养模式的主要是省内的理工类大学和财经类大学。涉及专业既包括英语专业，也包括各高校近期才陆续设立的商务英语专业。理工科高校的英语专业普遍设立了国际贸易方向，比如华东交通大学英语专业，除英语课程外，国际贸易方向开设国际经济学、国际贸易实务、国际结算、国际电子商务等核心课程。东华理工大学的英语专业通过设立“英语+国际贸易”方向，为区域经济建设与发展提供外贸人才保障。

除了英语专业外，商务英语专业的诞生值得特别关注。① 商务英语专业的本质不是简单的“英语+商务”，而是“英语”和“商务”的有机融合。该

① 截止至 2023 年 5 月，开设了商务英语专业的省内高校包括：江西财经大学、江西师范大学、江西农业大学、赣南师范大学、江西科技师范大学、南昌师范学院、宜春学院、上饶师范学院、新余学院、萍乡学院、九江学院等。

专业力图改变英语和商务“两张皮”的现象，以语言为载体，系统学习商务知识，从学生入学伊始就将英语基础知识与商务知识进行有机融合，全面提升学生的英语水平和商务能力。在过去15年时间里商务英语专业成为英语类专业建设的主要增长点。2007年，经教育部批准，对外经济贸易大学率先设立本科商务英语专业，成为我国第一所设立商务英语本科专业的高校。次年，上海对外贸易学院和广东外语外贸大学也经教育部批准设立了该专业。在全国重点高校纷纷开设商务英语本科专业之后，地方性本科院校在最近几年也陆续开设商务英语本科专业。因此，开设商务英语本科专业的各类院校的数量在近几年呈井喷式增长。在江西，江西财经大学于2010年开始设立商务英语专业，成为全省第一所设立商务英语专业的江西高校。近年来，共有9所省内高校开设了商务英语专业。

以江西财经大学商务英语专业为例，该专业依托财经类高校学科优势，面向工商外贸行业，培养具有扎实英语基本功、系统国际商务知识、宽广国际视野、较强商务交际能力，能在贸易、金融、翻译等领域从事商务实践、管理与研究等工作的高水平复合型人才。该专业有以下几个特点：

(1)依托本校高水平财经类学科优势，融合商科与英语知识，形成具有鲜明商科特征和英语专业特征的复合型人才培养模式。

(2)以卓越外向型商务人才培养为目标，注重厚基础、强能力、广视野，强调培养精英化(本科生导师制)、思维国际化(扩大国际交流)、知识现代化(最新商务知识)、能力标准化(符合国际商务能力标准)。商务英语专业满足了学生对英语和商务的双重需求，深受学生和用人单位欢迎和青睐。

以上四种人才培养模式是目前江西省内高校主要的外语人才培养模式。在“一带一路”倡议提出后，必须围绕“一带一路”倡议的需求，对江西高校的人才培养模式进行调整。现结合江西实际，提出以下两条建议：

第一，加强“一带一路”沿线国家国别与区域人才的研究和培养。近年来，国别与区域研究是外语学科一个新的研究方向。为了更好地推进“一带一路”建设，仅仅掌握沿线国家语言是远远不够的，还需要对沿线国家的政治、经济、法律、文化、宗教、习俗等各方面知识进行了解，而国别与区域人才的培养正是解决这一问题的有效路径。为了更好地推动全国范围内的国别与区域研究，教育部从2012年开始启动国别与区域研究培育基地建设工作，经过多年的建设，基本实现了国别区域研究基地“全覆盖”。2019年12月，全国范围内第一次全国高校国别和区域研究学术年会在上海外国语大学召开。2022年，区域国别学成为新增交叉学科门类下的一级学科，这是我国学科体系建设中的一项重要变化，在学界引起广泛反响，入选2022年度中国十大学术热点。江西省国别与区域研究的相关工作起步较晚，目前共4所高校获批了教育部国别与区域研究中心备案，包括江西师范大学的马达加斯加研究中心、江西理工大学的巴基斯坦研究中心、九江学院的柬埔寨研究中心、赣南师范大学的新加坡研究中心。以江西师范大学的马达加斯加研究中心为例，该中心整合力量帮助外国语学院成功申报法语语言文学专业二级硕士点，并把非洲国别与区域研究列入开设课程。省内高校要以“一带一路”建设为契机，更新观念，整合已有学科和专业资源，增强沿线国家的国别与区域研究人才培养意识，为更好地推动江西省“一带一路”建设提供合格的人才资源保障。

第二，进行“多语种+专业”高端人才培养模式的探索与实践。原来的“外语+”专业的简单复合型人才培养模式已不能适应“一带一路”建设对于外语专业人才的需求了。根据“一带一路”建设的需求，结合江西实际，提出“多语种+专业”高端型人才培养模式。多语种指至少两种外语，即“全球通用语+地区通用语”。全球通用语专指英语，英语仍然是全球范围内使用领域最广泛的通用语言，也是江西参与“一带一路”建设最为关键的外语语种。地区通用语指在某一地区得到广泛使用的通用语言，如中东地区的阿拉伯语、前苏联地区的俄语、拉丁美洲的西班牙语、非洲部分地区的法语。地区通用语在某一地区受到广泛的认可和使用，并且有着较大的语言影响力。专业是指某一特定的专业领域。学生在掌握好至少两种语言的同时，还需要学习某一专门领域的知识，这个领域可以是金融、贸易、会计、法律、新闻、旅游、电子商务等。“多语种+专业”人才培养模式属于高端外语人才培养模式，旨在解决外语人才培养过程中出现的“小才拥挤、大才难觅”的现象，为江西省“一带一路”建设提供有效的高端外语人才保障。

第三节　江西省高校外语课程设置情况分析

在外语课程设置方面，本节选取了江西省外语专业最多的两所高校南昌大学和江西师范大学进行案例研究。这两所高校外语专业的课程设置情况具体如表 3-6 所示：

表 3-6　南昌大学和江西师范大学外语专业课程设置情况

学校	专业	课　程
南昌大学	英语	语言文学及应用方向：本专业方向设文学、文化与翻译和语言、交际与专门用途英语两大教学模块。开设基础英语、阅读、语法、词汇、写作、听力、口语、英语国家概况、高级英语、英美文学、语言学、翻译理论与实践、英汉口译、毕业论文写作等主要课程和英美名著赏析、高级影视欣赏、外语教学法、商务英语、外贸英语、科技英语、外事英语、旅游英语、即席翻译、英语演讲、英语辩论、文体学、中西文化、修辞学等不同方向所需的专业选修课。 英日方向：主要课程包括基础英语、英语语法、词汇、写作、听力、口语、英语国家概况、高级英语、英美文学、语言学、翻译理论与实践、英汉口译、商务英语、毕业论文写作、基础日语、日语口语、日语视听，日语翻译、日语商务及日本文化概况等。
	日语	语言文学方向主要专业课程有：基础日语、语法、会话、听力、写作、第二外语(英语)、中级日语、日语泛读、日本概况、高级视听、高级日语、翻译理论与技巧、日本文学史、日语古代语法、近现代日本文学选读等。 商务日语方向主要专业课程有：基础日语、语法、会话、听力、写作、第二外语(英语)、中级日语、日语泛读、日本概况、高级视听、综合商务日语、日本商务礼仪与文化、日语国际贸易实务、商务日语会话、日语商务谈判与技巧、商务日语函电写作等。

续表

学校	专业	课程
南昌大学	法语	开设的主要专业课程有：基础法语、听力、会话、语音、语法、修辞、阅读、写作、翻译理论与技巧、第二外语(英语)、法国文学、法国概况、报刊选读、商务法语、进出口业务概要等。
	俄语	开设的主要专业课程有：基础俄语、听力、会话、语音、语法、修辞、阅读、写作、翻译理论与技巧、第二外语(英语)、俄国文学、俄国概况、报刊选读、商务俄语、进出口业务概要等。
	西班牙语	开设的主要专业课程有：基础西班牙语、中级西班牙语、西班牙语听说、西班牙语泛读、西班牙语写作、西班牙语语法、高级西班牙语、西班牙语国家概况以及毕业论文写作等。
	德语	开设的主要专业课程有：基础德语、听力、会话、语音、语法、修辞、阅读、写作、翻译理论与技巧、第二外语(英语)、德国文学、德国概况、报刊选读、商务德语等。
江西师范大学	英语	开设的专业必修课程有：英语语音、英语语法、综合英语、英语视听、英语口语、英语思辨与写作、英语阅读、英语国家概况、英国文学、美国文学、英语语言学、英汉翻译、英语教学法、英汉口译、学术论文写作、第二外语(法/德/日/俄)。 开设的专业选修课程有：英语高级视听、二语习得理论基础、英语教学课例分析、中学英语教材分析、计算机辅助外语教学、英语测试与方法、中国文化概论(英文讲授)、英语高阶阅读、英语影视欣赏、英语诗歌选读、英美戏剧选读、英语修辞学、英语词汇学、英语文体学、社会语言学、翻译简史、英汉译文欣赏、旅游英语翻译、语用学、话语篇章分析、应用语言学、认知语言学、跨文化交际学、中国经典译作选读等。
	日语	开设的专业必修课程有：大学英语、基础日语、日语视听、日语语音、日语口语、日语演讲、日语写作、日语泛读、日语语法、高级日语、日本国家概况、日本近现代文学史及作品选读、日语语言学、日汉翻译、日语报刊选读、日汉口译。 开设的专业选修课程有：日本史、日本文化史、日本古代文学、日语影视欣赏、日语古典语法、日本礼仪、旅游日语、商务日语、国际营销、簿记论等。

续表

学校	专业	课　　程
江西师范大学	法语	开设的专业必修课程有：法语语音、基础法语、高级法语、法语视听、初级法语语法、中级法语语法、法语会话、法语泛读、法语写作、法语高级视听说、法语基础笔译、法语口译、学术论文写作、大学英语读写、大学英语视听说。 开设的专业选修课程有：法国文学史、法国概况、法语语言学概论、法语国家地区及地区研究、商务法语等。
	俄语	开设的专业必修课程有：俄语语音、基础俄语、俄语视听说、初级俄语语法、中级俄语语法、俄语笔译、俄语阅读、俄罗斯概况、俄罗斯文学史、经贸俄语、俄语口译、旅游俄语、综合俄语、学术论文写作。 开设的专业选修课程有：商务俄语、俄国史、俄罗斯文学作品选读、俄罗斯艺术史、俄语写作、俄罗斯高阶阅读、俄罗斯国家及地区研究、俄语语言学概论、俄罗斯电影赏析等。
	朝鲜语	开设的专业必修课程有：朝鲜语语音、基础朝鲜语、高级朝鲜语、朝鲜语视听、初级朝鲜语语法、中级朝鲜语语法、朝鲜语会话、朝鲜语泛读、朝鲜语写作、朝鲜语高级视听说、朝鲜语基础笔译、朝鲜语口译、学术论文写作。 开设的专业选修课有：国际贸易、国际金融、国际市场营销(韩语)、国际商法、韩国影视传媒、韩国当代政治与社会、国际商业文化、朝鲜问题研究、韩国文化交流史。
	翻译	开设的专业必修课程有：中国翻译史、西方翻译史、翻译概论、综合英语、英语视听、英语口语、英语写作、英汉/汉英翻译、基础口译、高级口译、交替传译、文学翻译、应用翻译、中国文化概论(英语讲授)、英汉语言对比、古代汉语、现代汉语、汉语写作、英国文学、美国文学、英语语言学、学术论文写作、第二外语(法/德/日/俄)等。 开设的专业选修课程有：英语语音、英语语法、同声传译、计算机辅助翻译、科技翻译、新闻翻译、中国典籍翻译、英语修辞学、中西文化比较、秘书学等。
	商务英语	开设的主要专业课程有：商务英语精读、商务英语泛读、商务英语视听、商务英语口语、商务英语翻译、高级英语。分跨国商务方向、国际金融方向、国际会计方向开设专业方向课。

从以上两所高校外语专业的课程设置情况来看，南昌大学的英语和日语专业有着较为悠久的历史，也有着较好的师资储备以及方向凝练，因此这两个专业各自设立了两个方向的课程，学生可以在这两个方向中进行自主选择。江西师范大学的英语专业属于师范类专业，因此，在课程设置上还设立了英语教学法以及英语教材分析等教师教育类课程。江西师范大学的翻译专业则特别强调了英汉两种语言的基本功训练，除了开设英语相关课程外，还开设了古代汉语、现代汉语等中文类课程。商务英语专业则在英语技能课程的基础上，开设了跨国商务、国际金融、国际会计三个不同的专业方向。除此之外，两所高校的其他语种专业由于开设时间不长，历史积淀不足，在课程设置上还是以语言、文学类课程为主，部分专业开设了语言所在国家和地区的国别研究课程，如江西师范大学的法语专业。这与江西师范大学外国语学院拥有的马达加斯加研究中心相关。马达加斯加研究中心是隶属于江西师范大学外国语学院的国别研究中心，也是江西经教育部备案的四个研究中心之一，该中心对于该校法语专业的建设和发展具有重要的推动作用。部分专业在课程设置上除了常规的语言课程外，鼓励学生辅修金融、会计、法学等专业的双学位，培养以语言专业知识为中介工具，结合经济、法律、教育等知识的学习，把学生培养成以语言为主体专业，贯通经济学、法学、教育学等专业的综合类高级专门人才为目标，例如江西师范大学的法语和俄语专业。

课程是人才培养的核心要素，课程质量直接决定人才培养质量。要深化教育教学改革，就必须把教学改革成果落实到课程建设上。2019 年 10 月 30 日，教育部发布了《关于一流本科课程建设的实施意见》(以下简称《实施意见》)。在《实施意见》中明确提出，按照“两性一度”(高阶性、创新性、挑战度)的建设原则，经过三年左右时间，建成万门左右国家级和万门左右省级一流本科课程(简称一流本科课程“双万计划”)。① 江西省高

① 教育部. 关于一流本科课程建设的实施意见[EB/OL]. http://www.moe.gov.cn/srcsite/A08/s7056/201910/t20191031_406269.html, 2019-10-30.

校也纷纷响应国家号召，主动加强一流课程建设，在外语类专业课程建设中取得了一定的成绩(见表 3-7)。

表 3-7　江西省高校外语类专业国家级一流课程名单

课程名称	建设高校	批次	专业级别	课程类别
实用日语(上)	南昌大学	首批	国家级一流课程	线上
英语话农史-华夏篇	江西农业大学	首批	国家级一流课程	线上
大学英语	华东交通大学	首批	国家级一流课程	线上线下混合式
畅游赣鄱阳——水文化英文之旅	南昌工程学院	首批	国家级一流课程	线上线下混合式
中国文化概论	东华理工大学	首批	国家级一流课程	社会实践
大学英语文化课程	东华理工大学	第二批	国家级一流课程	线上
新融合大学英语(Ⅰ)	江西理工大学	第二批	国家级一流课程	线上
英语话农史——成语篇	江西农业大学	第二批	国家级一流课程	线上
英语国家概况	江西师范大学	第二批	国家级一流课程	线上
英语课程与教学论	赣南师范大学	第二批	国家级一流课程	线上线下混合式
英语演讲	江西财经大学	第二批	国家级一流课程	线上线下混合式
综合英语 III	江西中医药大学	第二批	国家级一流课程	线下

注：统计数据截止至 2023 年 5 月。

从前两批国家级一流课程立项情况来看，江西省高校外语类专业总共有 12 门国家一流课程获得立项，其中首批立项 5 门，第二批立项 7 门。从课程类型上看，语言基础类课程有 5 门，另外 7 门则是结合学校特色以及建设基础开设的语言特色类课程。从服务“一带一路”建设的角度来看，

“英语话农史——华夏篇”“英语话农史——成语篇”“畅游赣鄱阳——水文化英文之旅”“中国文化概论”这四门课程能够让学生提升用英语讲授中国历史、文化的能力。另外，由于外语类课程均以外语讲授为主，因此，线上课程资源可供“一带一路”沿线国家学生学习和参考，这对于“一带一路”沿线国家的民众和学生了解我国的农业、水文化以及中国文化有着重要的意义。为了更好地服务江西“一带一路”建设，建议各高校能够有针对性地建设与江西政治、经济、文化等方面联系紧密的“一带一路”沿线国家的语言文化类课程，为江西参与“一带一路”建设提供语言文化类课程支撑。

从以上分析来看，江西高校外语专业在课程设置上还是以语言类课程为主，跨学科的区域国别研究类课程还比较少。在“一带一路”建设的大背景下，在高年级阶段，从拓展学生的眼界和视角的角度出发，首先开设国际关系、外交学以及世界史等跨学科课程，例如可开设“国际政治导论”“当代中国外交”“现当代国际关系”“当代世界经济与政治”“现当代国际关系式”等课程；其次，可以开设国别与区域方向课程，例如“国际与区域组织概论”“国别与区域研究专题”“英语国家国别研究”“东南亚国家概况”“阿拉伯世界概况”等。另外，国别与区域研究方向类的课程也可以针对某一个国家开设，如英国文化、英国历史、英国政治、英语经济、英国军事、英国法律等。通过此类跨学科课程以及国别区域研究类课程的开设，拓展学生的知识面，增加学生对“一带一路”沿线国家的了解，提升学生服务“一带一路”建设的能力，为江西更好地对接“一带一路”倡议提供人才保障。

第四节　江西高校外语专业师资队伍情况统计与分析

优质、多元化的师资队伍是“一带一路”建设外语人才培养的重要保障。从整体上看，江西高校外语专业师资还是以外国语言文学类专业师资为主。在语种方面，又以英语语种占绝大多数，其他语种师资人数较为有限。本节以江西省三所开设语种较多的高校，即南昌大学、江西师范大学、江西科技师范大学为例进行案例分析(见表3-8)。南昌大学外国语学院共有教师160人，其中英语教师119人，日语教师17人，德语教师7人，法语教师7人，西班牙语教师6人，俄语教师4人。江西师范大学外国语学院英语教师106人，日语教师18人，法语教师7人，俄语教师4人。江西科技师范大学英语教师83人，日语教师9人，法语教师6人。

表3-8　省内三所高校各语种师资情况统计

单位：人

	英语教师	日语教师	法语教师	德语教师	俄语教师	西班牙语教师数
南昌大学	119	17	7	7	4	6
江西师范大学	106	18	7	/	4	/
江西科技师范大学	83	9	6	/	/	/

注：统计数据截止至2023年5月。

除了语言类背景的专任教师外，全省范围内有区域与国别研究背景的教师数量非常有限。从江西高校整体来看，各外国语学院普遍未树立起区域国别研究人才储备的理念，没有从学科的交叉与融合角度看待外国语学院的师资队伍建设问题。只有江西师范大学外国语学院和国际教育学院已开始关注区域国别学师资的引入和储备问题。2022年，江西师范大学外国语学院就在人才招聘的公告中明确提出要招聘国际法学、国际组织、国际贸易学、国际关系、世界史、世界经济、政治经济学等非语言类博士，国际教育学院则提出要招聘国际贸易学和国际关系学专业的博士①，为开展

① 江西师范大学2022年诚聘海内外高层次人才公告[EB/OL]. https://sxy.jxnu.edu.cn/_t115/2022/0124/c2110a227680/page.htm, 2022-01-24.

区域国别学的人才培养和学术研究打下基础。2023 年，江西师范大学外国语学院在招聘计划中明确提出要招聘国别与区域研究的学术骨干和优秀博士①，作为对区域国别学被单列为独立的一级学科的回应。总体来看，江西的区域国别学师资储备才刚刚起步，与沿海发达省份还有较大差距。

① 江西师范大学外国语学院 2023 年人才引进公告［EB/OL］. https：//flc. jxnu. edu. cn/2021/0224/c3304a213508/page. htm，2023-03-20.

下篇

江西省“一带一路”建设主要沿线区域和国家的语言政策与规划研究

根据江西省“一带一路”建设方案，江西省“一带一路”建设共有三大走向，即向西北，经新疆、内蒙古边境口岸，连接中亚、俄罗斯，通达中东欧、欧盟；向西南，经云南、广西边境口岸，通达越南、老挝、泰国、印度等东盟及南亚国家；向东南，经上海、宁波、厦门、深圳等沿海港口，连接海上丝绸之路，通达东盟、南亚，并延伸至南太平洋、非洲、欧洲国家。① 从以上三大走向看，江西省“一带一路”建设的主要沿线国家和地区包括东盟国家、欧盟国家、俄罗斯及中亚国家、非洲国家等。本书下篇主要选取欧盟和东盟这两个区域性组织以及与赞比亚、肯尼亚、马达加斯加等非洲三国作为研究对象分析，分析和研究以上地区和国家的语言政策和规划，为江西省更好地参与“一带一路”建设提供语言支持和语言服务。

---

① 江西省人民政府．江西省参与丝绸之路经济带和21世纪海上丝绸之路建设实施方案[EB/OL]．https：//www.yidaiyilu.gov.cn/p/1806.html，2016-10-09.

第四章 “一带一路”沿线区域欧盟的语言政策与规划

第一节 欧盟的成立、扩大与“多语平等主义”

欧洲联盟(简称“欧盟”)是一个由27个国家组成的超国家行为体①，其前身最早可追溯到成立于1952年的欧洲煤钢共同体。第二次世界大战后，西欧国家为保证德国不再成为欧洲战争的策源地，诞生了整合和共同管理制造军事武器的重要原材料煤炭和钢铁的想法。1950年5月9日，法国外交部长罗伯特·舒曼提出欧洲煤钢共同体计划(即舒曼计划)，旨在建立欧洲煤钢共同体以约束德国。1951年4月18日，法国、意大利、比利时、荷兰、卢森堡以及西德签署为期50年的《欧洲煤钢共同体条约》。1952年，欧洲煤钢共同体正式宣告成立。欧洲煤钢共同体的成立迈出了法德和解、欧洲联合的第一步。1957年3月，按照欧洲煤钢共同体原则，西欧六国又宣布成立欧洲经济共同体与欧洲原子能共同体。1965年4月，西欧六国又将三个共同体统一起来，成立欧洲共同体。欧洲共同体成立时，总共有4门官方语言，即法语、德语、意大利语及荷兰语。鉴于语言问题的特殊性，《欧洲经济共同体条约》第217条规定：“有关共同体机构语言的规定，由理事会在不妨碍欧洲法院议事规则所含规定的情况下，以全体

① 英国已于2020年1月31日正式脱离欧盟。

一致决议确定。”①《欧洲原子能共同体条约》第 190 条也有相同的规定。1991 年欧共体马斯特里赫特首脑会议通过《马斯特里赫特条约》，该条约的通过标志着欧盟正式成立，也标志着欧共体从经济实体向经济政治实体过渡。欧盟一直以来都致力于推动其经济、货币以及政治的一体化进程，其在成立之后范围也在不断扩大。

欧盟在历史上，共经历了 7 次扩大。1973 年，英国、丹麦和爱尔兰加入欧共体，英语和丹麦语成为欧共体的官方语言和工作语言。② 1981 年 1 月 1 日，希腊成为欧共体第 10 个成员国。1986 年 1 月 1 日，葡萄牙和西班牙加入欧共体，使欧共体成员国增至 12 个。1995 年，奥地利、瑞典和芬兰加入欧盟，欧盟成员国扩大到 15 个。2004 年 5 月 1 日，欧盟实现了有史以来规模最大的扩盟，捷克、塞浦路斯、爱沙尼亚、匈牙利、拉脱维亚、立陶宛、马耳他、波兰、斯洛伐克和斯洛文尼亚等 10 个中东欧国家正式成为欧盟成员国，欧盟成员增加至 25 个。2007 年 1 月 1 日，保加利亚和罗马尼亚加入欧盟。2013 年 7 月 1 日，克罗地亚入盟。2020 年 1 月 31 日，英国正式“脱欧”，欧盟目前共有 27 个成员国。尽管英国已不再是欧盟成员国，但是英语仍然是欧盟最主要的官方语言和工作语言。

欧盟作为一个超国家行为体，自其创立伊始，经济和政治的一体化就是其一直奋斗的目标。因此，在尊重和保护各成员国文化和语言的基础上，保证欧洲各国公民能在欧盟范围无障碍交流和沟通，是欧盟外语教育政策所追求的价值之所在。欧盟外语教育政策研究的价值观主要建立在倡导全球化下的多元文化多语学习，塑造世界公民这一理念上，欧洲语言教学共同纲领最终出台正是其价值研究应用的成果。欧洲的价值研究认为，外语教育不应该只追求其实用工具性，而应当贯彻在培养跨文化公民身份的理念中，需要更多地考虑外语的教育价值，而不仅仅是其用途。③

---

① 戴炳然．欧洲共同体条约集[M]．上海：复旦大学出版社，1993：200，336.

② 直到 2007 年 1 月，爱尔兰语才成为欧盟的官方语言。

③ 沈骑．外语教育政策研究的价值之维[J]．外语教学，2011(2)：44.

因此，如何维护不同成员国之间的平等地位，以及保障不同成员国的居民能够自由地流动，一直是欧盟这一超国家行为体努力奋斗的目标。与欧盟在经济和政治上努力实现一体化不同的是，欧盟在文化尤其是语言方面却提倡保护语言与文化的多样性，文化和语言的多样性被看作欧洲重要的文化资产。因此，欧盟努力推动和实践多语主义（multilingualism）的理念，其目标是要保证欧盟语言的多样性，保证欧盟成员国能使用不同的语言进行自如的交流并推动欧盟国家更加主动进行语言学习。对于欧盟来说，多语主义的最典型特征就是语言的平等性，即所有欧盟成员国的官方语言都自动成为欧盟的官方语言，这些语言在欧盟中均具有平等的地位。作为《欧盟基本权利宪章》（*Charter of Fundamental Rights*）的基本原则之一，欧盟成员国公民在与欧盟机构进行联系的时候，有使用任何一种官方语言的权利，而欧盟机构也必须使用同一语言进行回复。欧盟的法律和立法文本会使用所有官方语言进行发布，欧洲议会议员在议会发言时也有使用任何官方语言的权利。

在欧盟的发展历程中，每次随着新的成员国加入欧盟，欧盟的官方语言也随之增加。目前，欧盟拥有包括英语、法语、德语、意大利语、西班牙语、葡萄牙语、荷兰语在内的 24 门官方语言以及接近 60 种区域语言以及少数族群语言。① 欧盟这 24 种官方语言均享有同等权利，欧盟所有官方文件、出版物、重要会议以及官方网站，均须同时使用这些语言。而在官方语言中，英语、法语、德语是欧盟的三大主要工作语言。此外，欧盟还积极推动第二、第三语言的学习。换句话说，欧盟倡导的不仅是包括少数族群语言在内的所有语言在欧盟中具有同等地位，而且还大力提倡欧盟成员国公民学习除了母语外的第二、第三语言。

① 尽管英国已退出欧盟，但是英语仍然是爱尔兰和马耳他的官方语言。目前，欧盟共有 24 种官方语言：保加利亚语、克罗地亚语、捷克语、丹麦语、荷兰语、英语、爱沙尼亚语、芬兰语、法语、德语、希腊语、匈牙利语、爱尔兰语、意大利语、拉脱维亚语、立陶宛语、马尔他语、波兰语、葡萄牙语、罗马尼亚语、斯洛伐克语、斯洛文尼亚语、西班牙语、瑞典语.

第二节 欧盟语言政策的历史回顾

1973年，欧共体经历了历史上第一次扩大，英国、爱尔兰、丹麦三国加入了欧共体。随着欧共体成员国的增多，如何保证成员国之间的人员、资本、服务等要素的自由流动成为欧共体面临的主要问题，语言上的互通就是上述要素得以自由流动的重要保障。1975年，欧洲理事会出台了《欧洲语言学习基本标准》。该标准提供了一个可供各成员国参考的外语教育基本教学大纲，目的是提高各成员国的外语教学水平。20世纪80年代末90年代初，欧盟又先后推出了著名的伊拉斯谟、苏格拉底和达芬奇计划，这些计划的一个重要目的是推动欧盟成员国在教育和培训领域的合作，促进成员国人员之间语言多样化的发展和终身学习的开展。① 1995年欧盟委员会又出台了《教与学：迈向学习型社会》(*Teaching and Learning*: *Toward the Learning Society*)白皮书，提出了欧盟国家公民应在学好母语的基础上，还应学习两门外语，并对第一、第二外语的起始学习时间分别进行了建议。

进入21世纪后，对欧洲外语教学影响最为深远的文件当属2001年出台的《欧洲语言学习、教学与评估共同参考框架》(*Common European Framework of Reference for Languages*，简称CEFR)。该文件是欧洲理事会历经10年，制定的关于语言学习、教学及评估的整体指导方针与行动纲领，是对几十年以来欧洲语言教学理论与实践的系统总结，旨在为欧洲语言教学的大纲设计、课程指南、测试评估和教材编写提供一个共同基础。② 新型的语言政策和标准体现了欧洲现代语言教学及学习的新理念，对《欧洲语言学习、教学与评估共同参考框架》进行探讨有助于把握21世纪语言教

---

① 谢倩．欧洲学校外语教育发展评述[J]．宁波大学学报(教育科学版)，2010(2)：23.

② 刘俊，傅荣．欧洲语言学习、教学与评估共同参考框架[M]．外语教学与研究出版，2008：1.

育的新方向。可以说，该文件对全球的外语教学、研究与评估都产生了重大而深远的影响。该框架的出台也对其他国家和地区制定相类似的语言教育政策和标准提供了重要的参考和借鉴依据，对整个世界的语言教育政策都产生了深远的影响。

2003年，欧盟委员会发布《促进语言学习和语言多样性：2004—2006年行动计划》(*Promoting Language Learning and Linguistic Diversity: An Action Plan* 2004—2006)。该文件明确了欧盟国家公民学习两门外语的方式方法："内容与语言整合的学习模式"(Content and Language Integrated Learning，简称CLIL)，这也就是通常意义上的双语教学。2008年，欧盟还出台了《多语社会：欧洲的财富与共同的责任》(*Multilingualism: An Asset for Europe and a Shared Commitment*)文件，进一步巩固了欧洲语言的多样性地位。

2014年，欧盟对伊拉斯谟计划进行了重新整合，形成了新的伊拉斯谟计划，即"伊拉斯谟+"计划。这项新计划的实施时间为2014年至2022年，预算高达147亿欧元，其目标之一是提升语言教学与学习质量，促进欧盟广泛的语言多样性以及跨文化意识。该项目对多语主义也做出了以下承诺："多语主义是欧洲一体化进程中的基石之一，也是欧洲渴望维护语言在多样性中的统一性的重要象征。外语将是人们在劳动力市场上的一项重要技能，能给人们带来新的机遇。欧盟已经为每个居民确立必须掌握两门外语的目标"。① 除了在就业市场上为公民提供更好的就业机会这一功利性目标外，更重要的目标是保护语言的多样性以及出于文化认同、社会融入的目的来推动语言能力的提升，即除了经济层面的考虑外，还有文化层面的深层次原因。

近20年来，随着时代的前进，语言教育的环境和条件也发生了较大的变化，欧框也需要更新修订。2018年2月，《欧洲语言共同参考框架：学习、教学、评估(二)》(以下简称《欧框(二)》)(*Common European Framework*

① Kelly M. Recent Developments in EU Language Policy [J]. *European Journal of Language Policy*, 2014, 6(1): 121.

of Reference for Languages: *Learning*, *Teaching*, *Assessment*)正式发布。与2001年版的《欧框》相比,《欧框(二)》沿袭了2001年版《欧框》交际能力的理论框架,并一脉相承地秉持了语言多元化/文化多元化以及以行动为导向的语言教育理念。在此基础上,《欧框(二)》也顺应时代的变化,形成了一些新的特点。第一,更新扩展了描述能力等级。《欧框(二)》扩展了描述等级,在入门级前增加了前入门级(Pre-A1),在精通级后增加了高精通级(Above C2)。另外,在原有的A1至C2间增设A2+,B1+,B2+三个增等级(Plus levels),A2+在A2和B1之间,B1+在B1和B2之间,依此类推。① 第二,更新补充了能力等级的描述语。近20年,科技革命对语言教育具有颠覆性的影响。翻转课堂、线上线下混合式教学、在线测试、在线翻译等内容极大地改变了现代的语言教学。《欧框(二)》顺应时代变化,更新了相关能力等级的描述语,以满足在线教、学、测的需求。第三,增加了手语的能力描述。这也是《欧框(二)》检查多元文化、面向多元群体语言需求的生动体现,也是语言平等思想的实践成果。

第三节 欧盟外语教育政策的特点

一、欧盟成员国外语语种选择的多样性

由于欧盟是由27个国家组成的超国家行为体,欧盟的大多数成员国都把满足其公民国际化生存作为外语学习的目标。各国之间的往来非常频繁,学习外语正是为推动成员国之间的人员和资本更好地流动,所以欧盟成员国一般都会鼓励其公民选择与本国政治、经济联系紧密的国家的语言作为主要的外语语种进行学习。欧盟成员国公民在外语语种的选择上有很大的空间。欧盟委员会的数据显示,英语是欧洲人学习最广的外语,其次

① 王正胜.《欧洲语言共同参考框架:学习、教学、评估(二)》解读[J].外语测试与教学,2019(3):21.

是法语、德语、西班牙语。整体上有89%的学生学习英语，32%的学生学习法语，18%的学生学习德语，8%的学生学习西班牙语。① 在大多数情况下，英语是所有学生必须学习的第一外语，法语是常见的第二强制性外语。

二、外语学习低龄化趋势明显

关于外语习得的最佳起始年龄，国内外学者有过很多的讨论。经过多年的研究后，学术界得出了较为一致的结论，外语学习并不是人们所说的越早越好，过早的外语习得会影响其母语的习得。外语学习的最佳年龄一般来说在7~10岁。对于欧盟国家来说，在过去的十几年时间里，欧盟国家中外语学习低龄化的趋势特别明显，这一趋势在不同国家也存在着微小的差异。在绝大多数的欧盟国家中，外语教育从小学就开始了，第一外语的强制学习时间一般在6~11岁。在比利时的德语区，外语学习时间最早，儿童在3岁时就开始学习外语课程。在卢森堡、奥地利、挪威、西班牙、克罗地亚等国家，学生从6岁开始学习第一外语。在瑞典，外语学习的起始时间是7岁。德国的外语学习起始时间是8岁。丹麦和荷兰的外语学习起始时间则分别是9岁和10岁。

三、大多数国家要求至少掌握两门外语

与世界上其他地区国家不同的是，欧盟的超国家行为体属性以及其一直以来的一体化追求造就了其独特的语言价值取向。欧盟支持外语学习以帮助更多的人在国外学习和工作，帮助来自不同文化的人们了解彼此，同时推动欧洲语言产业的发展，如翻译和口译、语言教学以及语言技术等。因此，欧盟国家对于语言学习有着更大的雄心和更高的要求，欧盟在外语学习方面的主要目标是：使每个欧盟公民都可以使用母语以外的两门外语进行交流。实现这一目标的最佳方法是，从小学开始就向学生介绍两种外

① 谢倩．外语教育政策的国际比较研究［D］．上海：华东师范大学，2011：89.

语。个别国家如丹麦、卢森堡、荷兰则要求其国民要掌握三门外语。

四、推广“内容与语言整合学习模式”

欧盟外语教学的另一个显著特点，就是大力推广“内容与语言整合学习模式”(Content and Language Integrated Learning，CLIL)，也就是通常意义上的双语教学。该模式不把外语当成一门单独的课程，而是把外语融入其他学科的教学中，这种模式在欧洲国家中小学中已较为普遍。1995 年欧洲理事会决定推广实施内容与语言融合教学模式，用外语教授地理、历史、生物等非语言课程，把外语学习和学科知识有机结合。内容与语言融合教学模式“通过语言学习和学科知识学习的互为语境化，为二语习得创造自然的社会认知语境”，“实质上是欧盟建设和谐的多文化、多语言社会的政治要求在教育上的反映”①。这种教学模式使得欧盟成员国公民多元语言能力和多元文化水平均得到提升。

第四节 欧盟外语教育政策对我国的启示

欧盟作为世界上一体化程度最高的超国家行为体，其多语主义以及语言平等主义的价值取向，统一的语言教育指导性文件，以及其在外语教学实践中形成的宝贵经验，对我国外语教育政策的制定以及外语教学实践均具有重要的借鉴意义。

第一，明确和坚持我国外语教育政策的价值取向。外语教育政策的价值取向问题是外语教育政策中最根本和最核心的问题。欧盟外语教育政策的主要价值目标有两点：其一是要保证欧盟各成员国之间能够实现商品、资本、人员、服务、知识和技术等方面的自由流动，通过外语教育政策的有效实施，加快其政治、经济一体化进程。其二，建立在倡导全球化下的

① 盛云岚．欧洲 CLIL 模式：外语教学法的新视角[J]．山东外语教学，2012(5)：65-69.

多元文化多语学习，塑造世界公民这一理念。欧洲的价值研究认为，外语教育不应该只追求其实用工具性，而应当贯彻在培养跨文化公民身份的理念中，需要更多地考虑外语的教育价值，而不仅仅是其用途。① 欧盟外语教育政策的价值定位也引发了对我国外语教育政策价值取向的思考。我国是社会主义国家，在外语教育政策的制定上必须与我国社会主义核心价值观保持一致。具体而言，在外语教育上必须坚持“四为服务”的价值取向，增强“四个意识”、坚定“四个自信”、做到“两个维护”，在外语课程中渗透思政元素，在帮助学生提升外语知识和能力的同时，要更多地致力于把我国优秀的传统文化更好地宣传出去。

第二，按照区域经济社会发展需求，合理增加外语语种供给。欧盟的外语语种供给非常多元化，而我国的外语语种供给在新中国成立后相对长的一段时间内都较为单一，且一直与我国的对外政策息息相关。在新中国成立之初，由于我国隶属于以苏联为首的社会主义阵营，因此俄语一直是我国最主要的外语语种，这种情况一直到改革开放政策实施之后才有所改变。1978 年，我国实行了改革开放的国策，随着对外交流水平和程度不断提高，英语这门国际通用语言，渐渐取代俄语成为我国最主要的外语语种。在很长一段时间内，英语几乎都是高考、高校外语水平考试、研究生入学考试的唯一外语语种，英语在外语语种中的地位一时风光无二。但是这种情况在最近几年发生了变化。首先，从 2018 年 9 月起，德语、法语、西班牙语被教育部正式列入高中科目，英语不再是中学阶段的唯一外语语种了。其次，随着“一带一路”建设的推进，全国各大高校外国语学院也纷纷增设“一带一路”沿线国家语种。从目前情况来看，全国各高校在语种增设方面有“一拥而上”的趋势，没有结合地理区域和地方经济社会发展的需求，对外语语种进行合理的规划。边疆地区、内陆省份、国际化大都市对外语语种的需求肯定不一样，在外语语种选择上一定要将外语规划理论以及区域经济社会发展需求结合起来，科学合理地进行外语语种规划。

① 沈骑．外语教育政策研究的价值之维[J]．外语教学，2011(2)：44.

第三，尽早推广全国统一的、各学习阶段衔接有序的英语能力测评体系。就我国目前的英语考试和测评项目而言，考试种类繁杂，具体包括初中、高中英语考试，大学英语四六级考试，英语专业四级、专业八级考试，研究生英语入学考试，全国英语等级考试(PETS)，等等。各种考试之间内容时有重复，且缺乏有效衔接。学生为了展示自己的外语能力，不得不参加多个外语考试，造成资源和时间的浪费。从这点上看，《欧洲语言学习、教学与评估共同参考框架》就非常值得我国参考和借鉴。2014 年 11 月，教育部启动国家外语能力量表开发项目，就已经借鉴了《欧洲语言学习、教学与评估共同参考框架》的体系与标准。2018 年，《中国英语能力等级量表》正式发布，这将有助于解决我国各项英语考试标准各异、英语教学与测试目标分离、学习目标不连贯等问题。另外，《中国英语能力等级量表》还积极与国外的雅思考试展开对接研究，并已经完成了阶段性任务。下一步要做的就是进一步推广《中国英语能力等级量表》，并逐步取代目前纷繁复杂的各类英语考试。

第五章 “一带一路”沿线区域东盟的语言政策与规划

东盟是我国的重要近邻，一直以来都是江西的第一大贸易伙伴，也是江西进行“一带一路”建设的优先发展方向和重要合作地区。因此，对东盟国家的语言政策和规划进行研究和分析，对于进行我省实施行之有效的外语教育规划，加强我省高校与东盟国家高校的交流与合作，更好地服务我省“一带一路”建设均具有重要的现实意义。

东盟的全称为东南亚国家联盟（英文全称：Association of Southeast Asian Nations，缩写：ASEAN）。该组织于 1967 年 8 月在泰国曼谷成立，秘书处设在印度尼西亚首都雅加达。1967 年 8 月 7—8 日，印度尼西亚、泰国、新加坡、菲律宾四国外长和马来西亚副总理在曼谷举行会议，发表了《曼谷宣言》（即《东南亚国家联盟成立宣言》），正式宣告东南亚国家联盟成立，这五国也因此成为东盟成立的五个发起国。此后，文莱（1984）、越南（1995）、老挝（1997）、缅甸（1997）、柬埔寨（1999）也陆续加入。目前，东盟共有 10 个成员国，联盟成员国总面积约 449 万平方千米，人口 6.6 亿。① 2022 年 11 月 11 日，东盟国家领导人通过了《关于东帝汶申请加入东盟的声明》，原则上同意接纳东帝汶为成员国。② 另外，巴布亚新几内亚目前是东盟的观察员国。

---

① 中华人民共和国外交部. 东南亚国家联盟[EB/OL]. https://www.fmprc.gov.cn/web/gjhdq_676201/gjhdqzz_681964/lhg_682518/jbqk_682520/,2023-10.

② 东盟各国原则上同意接纳东帝汶为成员国[N/OL]. https://baijiahao.baidu.com/s?id=1749208846767278719&wfr=spider&for=pc，2022-11-11.

第一节 东盟国家的语言状况

东盟各国民族众多，文化多元，语言种类繁多，语言状况复杂，是名副其实的“世界语言博物馆”。世界上有将近7000种语言，其中25%的语言分布在东南亚国家。此外，有9个东南亚国家拥有超过50种语言，其中印度尼西亚就有726种语言，菲律宾有175种语言。① 在1967年东盟成立之时，五个发起国并没有明确东盟的语言和语言政策问题，但英语毫无争议地被自动认为是事实上的工作语言并在各种场合被广泛使用。2007年11月，参加第13届东盟首脑会议的东盟成员国领导人签署了第一份对所有成员国都有约束力的法律文件《东盟宪章》(*ASEAN Charter*)。《东盟宪章》第34条明确规定：“英语为东盟的唯一工作语言。”英语成为东盟唯一的工作语言有以下几方面的原因：第一，有益于维护东盟工作的相对“中立”地位。第二，英语在推动国家的现代化建设以及参与全球事物中扮演了非常关键的角色。第三，众多东盟国家如文莱、缅甸、新加坡、马来西亚、菲律宾等国都曾经是英国和美国的殖民地，在殖民统治时期，英语已经在以上国家的教育和社会生活中扮演了非常重要的角色，因此有着较好的语言基础。

英语作为东盟唯一的官方语言和工作语言，在东盟国家的政治生活中扮演着重要的角色，但是在东盟国家获得民族独立后，东盟国家的民族语言和文化也越来越受到东盟国家的关注。如《东盟宪章》第2条明确指出：“所有成员国都应尊重彼此不同的文化、语言和宗教信仰，在多样性中谋取统一性。”东盟各国在国家独立后，都结合自身的发展历史以及现实情况，纷纷确定本国的官方语言。掌握东盟国家的语言现状，真正实现“五通”当中的“民心相通”，对于江西加强与东盟“一带一路”沿线国家的交流

① 谢倩．东盟语言政策新态势及其对广西多语教育的影响[J]．中国—东盟研究，2020(1)：168.

与合作具有重要的现实意义。从语言学的概念来看，在分析东盟国家的语言状况之前，必须首先明确官方语言、通用语言以及国语等几个基本概念的区别。官方语言，是指政府官方使用的语言，与民间语言相对。部分东盟国家只有一种官方语言，如越南和泰国；部分东盟国家的官方语言超过一种，如新加坡和菲律宾。通用语言指的是任何在社会上广泛流行和传播、有很大影响力的一种或几种语言。通用语言和官方语言可能保持一致，如印度尼西亚，也可能不完全对等，如新加坡。国语是指一个国家宪法规定的民族共同语。国语可以是一国主体民族的民族语，如马来西亚和缅甸，也可能不是主体民族的民族语，如新加坡。一般来说，根据一个国家官方语言或通用语言的数量，可以将国家分为单语制国家和多语制国家。单语制国家指的是只有一种官方语言或通用语言的国家，而多语制国家是指该国的官方语言或通用语言多于一种。基于以上分析，关于东盟国家的语言状况统计如表 5-1 所示：

表 5-1 东盟国家的语言状况统计表

语言性质 国家	官方语言	通用语言	国语	国家类型
印度尼西亚	印尼语	印尼语	印尼语	单语制国家
缅甸	缅甸语	缅甸语	缅甸语	单语制国家
泰国	泰语	泰语	泰语	单语制国家
越南	越南语	越南语	越南语	单语制国家
老挝	老挝语	老挝语	老挝语	单语制国家
柬埔寨	柬埔寨语	柬埔寨语	柬埔寨语	单语制国家
文莱	马来语	马来语、英语	马来语	多语制国家
马来西亚	马来语	马来语、英语	马来语	多语制国家
新加坡	英语、华语、 马来语、泰米尔语	英语	马来语	多语制国家
菲律宾	菲律宾语、英语	英语	菲律宾语	多语制国家

第二节 东盟国家语言政策与规划

美国伊利诺斯大学香槟分校 Braj B. Kachru 教授在其 2005 年发表的专著 *Asian Englishes*：*Beyond the Canon* 中对世界英语组成部分之一的亚洲英语进行了专门的研究。在书中他进一步阐述了他于 1985 年提出的“同心三圈”理论，提出“亚洲英语三大同轴圈”（three concentric circles of Asian Englishes）的分类思想，将亚洲国家按英语使用情况分为外圈国家（outer circle countries）和扩展圈国家（expanding circle countries）。① 在此基础上，澳大利亚语言学家 Andy Kirpatrick 根据东盟国家英语的历史、角色和地位等综合因素，将把英语作为工具的前英美殖民地国家归类为“东盟英语外圈国家”（ASEAN outer circle countries），包括文莱、马来西亚、菲律宾、新加坡四国；将把英语当作第一外语而不是国内通用语的东盟国家归类为“东盟英语扩展圈国家”（ASEAN expanding circle countries），包括印度尼西亚、泰国、缅甸、柬埔寨、老挝和越南六国。② 本研究也基于此，对东盟十国的语言政策与规划进行研究和分析。

一、“东盟英语外圈国家”的语言政策与规划

（一）马来西亚的语言政策与规划

马来西亚人口约 3270 万（2022 年）。其中马来人 69.4%，华人 23.2%，印度人 6.7%，其他种族 0.7%。③ 马来语为该国的官方语言和国语，通用英语、华语普通话、泰米尔语的使用也较为广泛。

---

① Kachru Braj B. *Asian Englishes*：*Beyond the Canon*［M］. Hong Kong：Hong Kong University Press，2005：106.

② Kirpatrick，Andy. *English as a Lingua Franca in ASEAN*：*A Multilingual Method*［M］. Hong Kong：Hong Kong University Press，2010：19.

③ 中华人民共和国外交部. 马来西亚国家概况［EB/OL］. https://www.fmprc.gov.cn/web/gjhdq_676201/gj_676203/yz_676205/1206_676716/1206x0_676718/，2023-11.

1957 年，马来亚联合邦(马来半岛十一个州)宣布脱离英国的殖民统治而独立。1963 年，马来亚联合邦、新加坡、沙巴和沙捞越州宣布组建成一个全新的国家，即马来西亚联邦。自从 1957 年脱离英国殖民者的统治以来，马来西亚的语言政策发生了几次变化。在刚刚获得国家独立后，马来西亚国内民族主义意识高涨，迫切地想摆脱英国殖民者在这个国家的各方面影响，亟须选择一门本土语言来取代英语作为本国的通用语言。最终，根据《马来西亚联邦宪法》第 152 条，马来语被确定为本国的国语。马来语因此成为该国的各级政府部门的官方语言。与此同时，英语的地位遭受严重削弱，马来语取代英语成为马来西亚各级学校的教学媒介语，英语只是被当作一门重要的外语来对待。该语言政策被视为该国马来化的重要组成部分。1981 年，当马哈蒂尔博士出任首相时，执行的语言政策达到了马来化时期的高潮。进入 21 世纪后，马来西亚的语言政策出现了新的变化。随着新千年的到来，马来西亚政府逐渐意识到英语地位的下降，越来越不利于马来西亚的未来发展。随着全球化进程的加快，拥有较高的英语水平是马来西亚人参与全球竞争的重要基础，也是马来西亚推动经济和科技发展的关键因素。因此，关于英语语言地位问题的思考又重新被提上议事日程。2003 年 1 月起，马来西亚新的语言政策正式实施，在该国公立中小学中，数理课程全部改用英语进行讲授。2009 年，马来西亚政府又将小学数理课程改为用马来语讲授。近年来，马来西亚的语言政策日益呈现出双语制的特点，马来语作为民族语言，是国家统一和民族团结的象征；而英语则成为该国参与全球竞争，了解世界的重要工具和窗口。

(二)文莱的语言政策与规划

文莱位于加里曼丹岛西北部，北濒南海，东南西三面与马来西亚的沙捞越州接壤，并被沙捞越州的林梦分隔为东西两部分。2021 年人口约为 43 万，其中马来人占 69.3%，华人占 10.8%，其他种族占 19.9%。在文莱，马来语为该国国语和官方语言，通用英语、华语使用较广泛。①

① 中华人民共和国外交部. 文莱国家概况[EB/OL]. https://www.fmprc.gov.cn/web/gjhdq_676201/gj_676203/yz_676205/1206_677004/1206x0_677006/, 2023-07.

文莱自1888年起沦为英国保护国，1941年被日本占领。1946年英国恢复对文莱的控制。1971年文莱与英国签约，获得除外交和国防事务外的自治权，1984年1月1日完全独立。自获得完全独立起，文莱就成为一个以伊斯兰教为国教、政教合一的君主制国家。

在文莱，马来语和马来文化一直得到很好的推崇和保护。与此同时，由于该国长期与英国关系密切，英语在该国的政治生活中仍然扮演着十分重要的角色。因此，文莱成为典型的双语制国家。文莱的双语教育体系在该国独立一年后开始实施。根据该体制，文莱小学的前三年以马来语为教学媒介语进行教学，而从四年级开始就全部转为英语教学。该体制的一个明显弊端是学生从四年级开始需要用英语重新学习一些过去三年已经用马来语学习过的词汇。文莱政府也意识到了这个问题，从2009年开始，文莱政府推出了“面向21世纪的全国教育体制”(National System of Education for the 21st Century)。根据该项新政策，文莱小学从一年级开始就用英语进行数学和科学课程的教学，避免了这两门课程因为授课语言的转换而重复学习的问题。

文莱的第一所国立大学成立于1985年，从成立伊始，该校就制定了双语教学的方针。除小部分人文和语言类课程，譬如马来文学和马来语言，使用马来语进行授课外，大部分课程都是用英语进行授课。另外，还有部分历史类课程则采用了英语和马来语的混合教学方式。总体来说，在东盟国家中，文莱的双语教学是较为成功的一例。

(三)新加坡的语言政策与规划

新加坡位于马来半岛的最南端，马六甲海峡入海口，是一个面积只有733.1平方千米的热带城市国家。1963年，新加坡以成员国的身份加入马来西亚联邦这个新成立的国家中。但是仅仅两年后，新加坡就宣布脱离马来西亚联邦，成为一个独立的主权国家。2022年，新加坡总人口约为545万，公民和永久居民有399万。马来语为国语，英语、华语、马来语、泰米尔语为官方语言，英语为行政用语，主要宗教为佛教、道教、伊斯兰教、基督教和印度教。① 多种语言与多样宗教，造就了新加坡多元文化的特征。

在新加坡，华人、马来人和印度人为该国的三个主要族裔群体，其中华人约占74%，马来人约占14%、印度人约占8%。该国的族群人口比例从20世纪初开始就一直处于较为稳定的状态。1959年，新加坡从英国殖民者的统治中获得自治权利，从那时起，新加坡就选择成为一个多语国家：华人的母语华语、马来人的母语马来语、印度人的母语泰米尔语均成为该国的官方语言。另外，英语作为不同族群之间进行有效沟通的“工作语言”或“桥梁语言”，也成为该国的官方语言。于是，新加坡成为所有东盟国家中官方语言最多的国家。

在该国刚刚获得独立后的几年时间里，有一个语言现象特别值得关注：新加坡国内主要族裔群体的“母语”并不是相应族群的家庭语言。如新加坡华人在家并不是说普通话，而是讲闽南话、潮州话、粤语、客家话、海南话等地方方言。在20世纪60年代，也只有60%的新加坡印度人在家说泰米尔语。

从1966年开始，新加坡的家长可以在四种官方语言中选择一种语言作为子女的主要学习语言，但所有学生都需要学习另外一种官方语言。如果学生不是选择用英语接受教育的话，还需要另外学习英语。当时的新加坡政府还要求所有的小学从一年级开始就用英语讲授数学和科学课程。到了1979年，新加坡的家长们已经不再把子女送去马来语和泰米尔语的学校了，中文学校的入学人数也下降到所有适龄学生的10%左右。基于这种情况，新加坡政府调整了国家的语言教育政策，采取了以英语为主导的双语制政策：所有学生都必须通过英语接受教育。与此同时，学生的第二语言，即其所在族群的“母语”也必须达到一定的水平。在此语言教育政策下，新加坡公民的英语水平不断提升，英语已成为该国的第一语言，但是

① 中华人民共和国外交部. 新加坡国家概况[EB/OL]. https://www.fmprc.gov.cn/web/gjhdq_676201/gj_676203/yz_676205/1206_677076/1206x0_677078/,2023-11.

其公民的第二语言，或本族语言的水平仍需不断提升。

(四)菲律宾的语言政策与规划

菲律宾位于亚洲的东南部。2022 年，该国人口约 1.1 亿。马来裔占全国人口的 85%以上，主要民族包括他加禄族、伊洛戈族、邦板牙族、维萨亚族和比科尔族等。国语是以他加禄语为基础的菲律宾语，英语同为该国官方语言。① 从 16 世纪开始，西班牙对菲律宾进行了长达三百多年的殖民统治。1898 年，美西战争爆发，西班牙战败，菲律宾正式成为美国的殖民地。从那时起，美国对菲律宾社会生活的方方面面都有着重要的影响，这点与马来西亚、文莱和新加坡三国均被英国殖民的历史经历有着显著的区别。

自接手菲律宾开始，美国政府就十分重视在菲律宾实施英语教育。1901 年，美国殖民当局规定菲律宾所有公立学校都要使用英语进行教学。从那时起，英语取代西班牙语，成为菲律宾最为重要的语言。20 世纪 30 年代，菲律宾国内民族主义运动高涨，使用民族语言的呼声也一直没有停止。在这种背景下，1940 年，“菲律宾自治政府”宣布他加禄语为菲律宾国语，在该国各级学校都要学习他加禄语。1946 年，菲律宾正式宣布脱离美国殖民统治而独立。从那时起，他加禄语和英语同为该国的官方语言。但是由于历史和政治方面的原因，英语在菲律宾的国民教育体系中仍然扮演着十分重要的角色。该国的教学媒介语即为英语，国民也都非常热衷于用英语接受教育。因此，菲律宾也成为整个东南亚地区英语人口最多的国家。

二、“东盟英语扩展圈国家”的语言政策与规划

(一)印度尼西亚的语言政策与规划

印度尼西亚位于亚洲东南部，由超过 1000 个岛屿构成，有着“千岛之

① 中华人民共和国外交部. 菲律宾国家概况[EB/OL]. https://www.fmprc.gov.cn/web/gjhdq_676201/gj_676203/yz_676205/1206_676452/1206x0_676454/,2023-11.

国”的美誉。截至2020年12月，该国人口约2.71亿，其人口总数在全球排名第四，是人口最多的东盟国家，也是世界上人口最多的穆斯林国家。在印尼国内，有250多种地方本土语言，而且讲这些语言的人大多数不能彼此相互理解。目前，印度尼西亚的国语和官方语言均为印尼语，印尼语是马来语的一种变体，被语言学家视为和马来语同宗同源的同一种语言。

在超过300年的时间里，印度尼西亚都曾长期处于荷兰殖民者的殖民统治之下。从第一次世界大战开始，印尼人民就开始寻找各自方式，反抗荷兰殖民统治者。1945年8月17日，印尼终于获得了国家独立。但是，好景不长，印尼独立后，先后武装抵抗英国、荷兰的入侵，其间曾被迫改为印度尼西亚联邦共和国并加入荷印联邦。1950年8月重新恢复为印度尼西亚共和国，1954年8月脱离荷印联邦。

在获得国家独立后，印尼国内民族意识高涨，印尼统治者急于在社会生活的方方面面摆脱殖民者的压迫和束缚。在语言政策方面，第二次世界大战后兴起的“同一国家、同一民族、同一语言”的语言规划理念在印度尼西亚深入人心，国家采取了以印尼语为国语的单语制政策。印尼语成为国家独立和民族团结的象征。荷兰语作为殖民时期的上层语言在印尼逐渐被抛弃，英语也只是印尼的第一外语，以及少数印尼精英阶层之间的交流语言。带有强烈的语言民族主义理想的单语制政策也导致国内其他语言日益边缘化。

(二)泰国的语言政策与规划

泰国位于中南半岛的中南部，是一个君主立宪制国家。2020年，泰国人口约为6617万，90%以上的人口信仰佛教。泰国是东盟的五大发起国之一，也是东盟国家中唯一未被西方列强殖民过的国家。泰国是典型的单语制国家，泰语是该国的官方语言。在泰国学校，所有课程都是通过泰语来讲授。在很长一段时间里，英语都不受泰国政府和学校重视。19世纪以前的泰国，只有皇室成员和外交官们才需要学习和使用英语。19世纪末20世纪初，英语才开始作为一门课程在泰国的中小学讲授。在泰国，小学一年级至三年级的学生每周要学习一小时的英语，小学四年级至六年级的学生每周要学习两小时的英语，而泰国的中学生则每周要学习三小时英语。在此后几十年的时间里，英语一直是泰国最重要的外语。但即便如此，包括教师和学生在内的泰国国民的整体英语水平并不高。

1999 年，随着《全国教育法案》(*National Education Act*)的出台，泰国拉开了全国范围内教育改革的序幕。本次改革的重点首先是推动全国学生的科学与数学知识与技能的提升，同时提升泰语在全国范围内的规范使用。但是与此同时，随着新千年的到来，泰国民众，尤其是城市民众对英语教育的渴望也与日俱增。越来越多的国际学校在泰国开设并提供各类英语课程。尽管英语不是泰国人的日常交流语，但英语在找工作、获取知识以及出国交流等方面却被认为是必要的基本技能。面对国内民众对英语学习的迫切需求，泰国教育部门从 2010 年开始在国内各级教育中提供英泰双语教育。在新的课程体系中，英语是泰国中小学生的必修外语课程。泰国小学生从一年级开始就必须学习英语课程。为了更好地检验泰国学生的英语学习成果，泰国教育部门将英语等级分为四个阶段，泰国学生的英语学习将一直持续到高中结束。

(三)缅甸的语言政策与规划

缅甸联邦共和国(The Republic of the Union of Myanmar)，简称缅甸(Myanmar)。该国位于中南半岛西部。东北与中国毗邻，西北与印度、孟加拉国相接，东南与老挝、泰国交界，西南濒临孟加拉湾和安达曼海，首都为内比都，人口约为 5458 万(2020 年 4 月)。全国共有 135 个民族，缅族约占总人口的 65%，全国 85%以上的人信奉佛教。官方语言为缅甸语，各少数民族均有自己的语言，其中克钦、克伦、掸和孟等民族有文字。①

缅甸也是典型的单语制国家，该国的国语、官方语言和教育语言均为

① 中华人民共和国外交部. 缅甸国家概况[EB/OL]. https://www.fmprc.gov.cn/web/gjhdq_676201/gj_676203/yz_676205/1206_676788/1206x0_676790/, 2023-07.

缅甸语。在历史上，缅甸与英国有着颇多交集，曾经长期是英国的殖民地。19 世纪英国发动三次侵略战争后占领了缅甸，1886 年将缅甸划为英属印度的一个省。1948 年 1 月 4 日，缅甸脱离英联邦宣布独立，以吴努为首的政府实行多党民主议会制。1962 年 3 月，缅甸国防军总参谋长奈温将军发动政变，推翻吴努政府，成立革命委员会。① 从那时起，缅甸奉行仇外政策，英语在该国的地位逐渐边缘化，在长达半个多世纪里，英语在缅甸各级政府机构中都没有任何地位可言，缅甸语成为该国的通用语言和各级学校的主要教学媒介语。与此同时，缅甸政府也努力推动少数民族语言的使用，但是在推广的过程中也遇到各种问题。少数民族语言推广和使用的最大的问题是师资和教材问题。在其他东盟国家纷纷实行基于母语的多语言教育(MTB-MLE)时，师资和教材的不足制约了缅甸在推广缅甸语的同时，实行多语教育。缅甸在融入东盟组织的问题上，也有很长一段路要走。

(四)越南、老挝、柬埔寨的语言政策与规划

越南、老挝、柬埔寨是东盟国家中的三个前法国殖民地国家，法语在殖民时期曾在三国的历史上扮演过重要角色，曾是三国上流社会和精英阶层的通用语言。但自国家独立后，法语在三国中的地位逐渐下降，英语渐渐成为这三个国家的重要外语。

越南位于中南半岛东部，北与中国接壤，西与老挝、柬埔寨交界，东面和南面临南海。2021 年，该国人口约为 9826 万，有 54 个民族，其中京族占总人口的 86%。越南为典型的单语制国家，越南语为该国的官方语言、通用语言，以及主要民族语言。②

1884 年越南正式沦为法国的保护国。第二次世界大战结束后，越南获得独立，成立了越南民主共和国。后来，越南人民又进行了艰苦卓绝的抗

① 中华人民共和国外交部. 缅甸国家概况[EB/OL]. https://www.fmprc.gov.cn/web/gjhdq_676201/gj_676203/yz_676205/1206_676788/1206x0_676790/, 2023-07.

② 中华人民共和国外交部. 越南国家概况[EB/OL]. https://www.fmprc.gov.cn/web/gjhdq_676201/gj_676203/yz_676205/1206_677292/1206x0_677294/, 2023-10.

法、抗美战争，直到1975年，越南南方和北方才获得重新统一，成立了越南社会主义共和国。越南语成为国家的官方语言和通用语言。越南在20世纪40年代获得独立后，其国内民族独立意识高涨，并很大程度上体现在本国的语言上。国家独立后，越南政府规定越南各级学校都要使用越南语作为国家通用语言。外语的选择问题则与国家的对外政策息息相关。独立之初，越南和苏联及东欧国家关系密切，在越南民众中则盛行俄语等东欧语言。法语曾经是最早的外语，现在有强势回归之势。20世纪90年代起，随着越南实行对外开放的国策，英语逐渐受到更多的重视，成为越南政府和民众的第一选择。

老挝地处中南半岛北部，是该地区唯一的内陆国，也是世界上最不发达的国家之一。2021年，全国人口约为733.8万，官方语言为老挝语。在老挝历史上，法国和美国都曾殖民或控制过老挝。法属殖民地时期，法语是老挝的官方语言，小学和中学开设法语课程；美国入侵时期英语得以推广，特别是改革开放后英语成为老挝联系东盟其他国家和世界的语言，政府在中学阶段把英语作为第二外语开设课程。①

柬埔寨王国位于中南半岛南部，与越南、泰国和老挝毗邻。全国人口约为1600万，高棉族占总人口的80%。柬埔寨语，又称高棉语，为该国的官方语言。② 1853年，法国与柬埔寨签订了《法柬条约》，柬埔寨正式沦为法国的保护国，法国开始了在柬埔寨长达100年的殖民统治。在法国对柬埔寨进行殖民统治期间，法国殖民者十分不重视教育。1935年柬埔寨才创建了第一所高级中学，而高等教育在柬埔寨独立前也没有建立起来。在语言政策方面，法国殖民者强行推行法语作为柬埔寨的官方语言，学校只准教授法语，高棉语受到排斥。③ 1953年，柬埔寨终于摆脱了法国的殖民

① 陈兵. 东盟国家语言状况及广西的外语战略研究[J]. 外国语，2021(1)：79.

② 中华人民共和国外交部. 柬埔寨国家概况[EB/OL]. https://www.mfa.gov.cn/web/gjhdq_676201/gj_676203/yz_676205/1206_676572/1206x0_676574/, 2023-10.

③ 杨亦鸣，赵晓群. “一带一路”沿线国家语言国情手册[M]. 北京：商务印书馆，2017：152.

统治，获得国家独立。在独立后，柬埔寨重新确立了高棉语作为国家官方语言的语言政策。近年来，随着全球化进程的加快，英语在柬埔寨的地位不断提升，不仅取代法语，成为柬埔寨的第一外语，而且被当地人视为获取高薪工作以及出国留学的重要工具。但是法语在该国社会生活的各方面仍然具有较大的影响力。

第三节　东盟国家语言政策与规划的特点

东盟国家的语言政策与规划有以下三大特点：第一，努力摆脱殖民印记，大力推广本土语言。十个东盟国家中，除了泰国之外，其他九个国家都有长期被英国、法国、美国、荷兰等欧美国家殖民的历史。因此，在获得国家独立后，抹去殖民时期语言教育中的殖民色彩，制定新的语言教育政策，实现国家团结，确保独立地位，有效地教育国民，是东盟国家需要认真对待的一个问题。通过重新确立新的语言政策，选择一门民族语言作为国家的官方语言和通用语言，摒弃殖民语言，对于新兴独立的各东盟国家来说，具有重要的象征意义。印度尼西亚在独立后坚持“同一国家，同一民族，同一语言”的理念，果断摒弃荷兰语和英语等殖民语言，将印尼语作为国家唯一的官方语言，成为东盟国家中废除殖民语言，大力推行本土语言的先驱。菲律宾在经历西班牙和美国的殖民统治后，在重视英语教育的同时，大力推行本土他加禄语的普及和推广。新加坡则将国内三大主体民族的民族语言马来语、华语以及泰米尔语与英语一道，均列为国家的官方语言。缅甸在独立后坚持“仇外政策”，使得殖民语言英语在缅甸的各类机构和学校中几乎处于消亡的状态，缅甸语成为国家唯一的官方语言以及唯一的教学媒介语。另外，越南、柬埔寨、老挝也都将原殖民语言法语从国家的官方语言中剔除，转而将本土语言作为国家的官方语言。

第二，特别强调英语教育，大力倡导多元文化。在获得国家独立后，绝大多数东盟国家依然非常重视对本国民众的英语教育。与殖民时期独尊英语的政策明显不同的是，英语在许多东南亚国家重新或继续享有重要地位主要是因为其中立性，它具有其他民族语言所不具有的“工具性依附”功能和价值杠杆作用。①此外，东盟国家普遍认为成功的英语教育不仅关系到个人的成长和成功，对于国家经济和社会的现代化也有重要的推动作用。文莱、马来西亚、菲律宾、新加坡四国由于有过被英美国家殖民的历史，这四个“东盟英语外圈国家”的英语教育在国民教育中占据重要地位，英语是这四国的主要教学媒介语，其国民的英语水平普遍较高。印度尼西亚、泰国、缅甸、柬埔寨、老挝和越南六国属于“东盟英语扩展圈国家”，虽然这六国仅仅把英语作为第一外语来看待，但是随着现代化、全球化进程的加快，也普遍都非常重视英语教学。虽然东盟各国均重视本国的英语教育，但东盟各国出于历史和政治等原因，各国在英语教学的起始时间和层次上存在着差异。有的东盟国家从小学一年级就开始英语教学，有的从小学三年级开始，而有的国家则从中学一年级才开始。有的国家则完全实施英语教学，把英语作为国内的第一语言，如新加坡。有的国家如菲律宾、马来西亚、文莱等国虽然开始进行英语教学的时间并不早，但是在数学和科学等理工科课程上则从一开始就实行全英文教学。东盟国家教学媒介语及英语教学开始时间具体见表5-2。

在继续强调英语教育重要性的同时，东盟国家也大力提倡民族语言教育，倡导多元文化。东盟国家都是多语言、多民族国家，如印度尼西亚就是亚洲语言最繁杂的国家之一，其语言种类超过731种。② 20世纪90年代后，东盟国家逐步意识到单语独大的弊端，从语言资源观的视角重新审视国内的多种少数民族语言，不断加强对国内少数民族语言的研究和保护，调整语言教育政策，加强多语教育，促进民族和谐。

---

① 江健. 东南亚国家语言教育政策的发展特征及趋势[J]. 比较教育研究，2011(9)：75.

② *Ethnologue Report for Indonesia*[R]. Summer Institute of Linguistics，2001.

表 5-2 东盟国家教学媒介语及英语教学开始时间

国 家	教学媒介语	开始教授英语的时间
文莱	马来语、英语	小学一年级
柬埔寨	高棉语	小学五年级
印度尼西亚	印尼语	中学一年级
老挝	老挝语	小学三年级
马来西亚	马来语、英语	小学一年级
缅甸	缅甸语	小学一年级
菲律宾	菲律宾语、英语	小学一年级
新加坡	英语	小学一年级
泰国	泰语	小学一年级
越南	越南语	小学三年级

第三，与欧盟语言政策的差距和不同。欧盟与东盟同为区域性国际组织，但是二者在语言政策上却存在较大差异。欧盟语言政策的核心思想有二：第一，所有成员国的官方语言自动成为欧盟的官方语言，因此，欧盟的官方语言有 24 种之多。第二，欧盟语言教育的目标为“母语+两门外语”，即欧盟成员国的公民除了学习本国的母语外，还要学习两门外语。通过以上政策，维护欧盟的语言以及文化多样性，培养公民的多语能力和多元文化意识，为公民的跨文化工作和生活打下坚实的语言文化基础。与欧盟相比，东盟的语言政策在理念和具体实施过程中均与欧盟存在着一定的差距。首先，与欧盟将所有成员国的官方语言均列为欧盟的官方语言不同的是，东盟只有英语这一种官方语言。在东盟的历史上共出现过两次增加官方语言的尝试。第一次是在 1995 年，在越南加入东盟之时，提出了将法语作为东盟的官方语言的建议。第二次是在 1997 年的东盟峰会上，马来西亚代表团建议将马来语设为英语之后的东盟第二官方语言。但是，这两次建议未加讨论就无疾而终了。其次，东盟的语言政策中的功利主义色彩较明显，更多的是为了推动本地区的经济发展，语言政策中对语言和文化

多样性的关注较少，而欧盟的语言政策除了经济考量，更多的是关注公民个人的多语能力和多语文化意识的培养。在东盟国家中，只有菲律宾在国家的语言政策中明确提到了需尊重国内不同语言和文化的多样性，其他东盟国家都未有明确涉及。

第四节 江西面向东盟国家的外语教育政策

在分析完东盟国家的语言状况和语言政策之后，为了更好地推动江西参与“一带一路”建设，使江西的外语教育政策能够更好地面向东盟国家，江西应该在以下几个方面进行规划。

第一，加强专门用途英语的教学与研究，全面提升江西英语教育的整体水平和质量。英语是东盟的唯一官方语言，在与东盟国家各领域进行交流时，首选语言还是英语。因此，提升江西英语教育的水平，仍然是江西与东盟国家进行“一带一路”建设对接的重点。由于与东盟国家进行交流时，更多的情况是双方的专业技术人员在某些具体领域进行交流和对接，因此，江西高校应加强专门用途英语的教学和研究工作，改变以往只讲授通识类英语的情况，有针对性地提升学生在相关专业领域的英语应用能力，包括某一专门领域的英语听说、阅读和写作能力，为江西与东盟国家进行有效的交流与合作打下坚实的语言基础。

第二，服务江西需求，加强对东盟地区和国家的区域国别研究。2022年9月，国务院学位委员会教育部关于印发《研究生教育学科专业目录(2022年)》，将区域国别学纳入第14类交叉学科一级学科目录，可授予经济学、法学、文学、历史学学位，至此结束了长期以来区域国别学没有明确学科归属的历史。随着区域国别学学科归属的明确，2022年，在全国范围内掀起了区域国别学学科建设和人才培养探讨的浪潮，区域国别研究也成为2022年我国十大学术热点之一。

东盟是江西第一大贸易伙伴，也是江西推进“一带一路”建设的重要区域。江西高校要培养面向“一带一路”建设的外语人才，也需要有区域国别学的思维。除了要培养学生的听说读写译等基本语言技能外，还要加强东盟国家的历史、地理、政治、文化等方面的知识传授。上海外国语大学党委书记姜锋教授曾撰文指出："国家发展需要高等教育培养出卓越的区域国别学人才，提供面向世界的人力支撑和智力支持。有鉴于此，我国区域国别学人才培养和学科建设需要两个能力和三个基础，其中两个能力是语言能力和田野能力，三个基础是历史基础、哲学基础和地理基础。"①江西高校要密切关注国家层面在外语人才培养方面的变化，调整课程体系和人才培养模式，在人才培养上实现从"外语通"到"外国通"的转变。

江西在参与"一带一路"建设的过程中，除了欧盟和东盟外，非洲地区国家也是江西参与"一带一路"建设的重要沿线区域和国家。据统计，江西省"走出去"的企业约70%的目的地是非洲，江西高校在非洲多国开办了孔子学院，有关非洲的区域国别研究也开始得到重视。在众多非洲国家中，赞比亚、肯尼亚、马达加斯加等国是江西参与"一带一路"建设最重要的几个国家，江西政府、企业和高校在以上国家的诸多领域都有投资与合作。我国与赞比亚等非洲国家有着深厚的历史情谊，20世纪70年代中国援建的坦赞铁路就是中非传统友谊的最好见证。自我国在2013年提出"一带一路"倡议后，几乎所有的非盟成员国都积极响应，成为这项国际倡议的一部分。赞比亚、肯尼亚就是利用"一带一路"倡议的优势和潜力最成功的非洲国家。"一带一路"倡议出台后，我国进一步推动中非合作，号召国内企业不断加强对非洲"一带一路"沿线国家的投资，不断改善和提升非洲国家的整体基础设施条件和水平，同时加强与非洲国家的人文交流与合作。

江西企业积极响应国家号召，加大了对非洲国家的经济投资和人文交流，其中在赞比亚和肯尼亚两国的投资最多，承担了两国国内的多个基础设施项目、产业和经贸合作项目以及境外产业园区项目。如江西企业在2015年至2020年的五年时间里，就在赞比亚承建了7个基础设施项目，

① 姜锋．浅谈区域国别人才培养和学科建设中的两个能力与三个基础[J]．当代外语研究，2022(6)：21.

项目数位列非洲各国之首。除了基础设施建设和经贸合作外，江西高校也主动对接“一带一路”倡议，不断加强与非洲国家高校的人文交流与教育合作，积极在非洲国家高校开设孔子学院，如江西师范大学就在非洲第一大岛国马达加斯加的塔那那利佛大学建立孔子学院，成为我省高校在非洲国家建立孔子学院的典范，也成为国家汉办指定的全球“示范孔院”。因此，了解和掌握以上三国的语言政策与规划，对于江西进一步加强与以上三国以及非洲国家的经贸以及人文交流具有重要的现实意义。

第六章 “一带一路”沿线国家赞比亚的语言政策与规划

赞比亚的全称为赞比亚共和国(The Republic of Zambia)，东接马拉维、莫桑比克，南接津巴布韦、博茨瓦纳和纳米比亚，西邻安哥拉，北靠刚果(金)及坦桑尼亚，是一个位于非洲中南部的内陆国家。国土面积约 75.3 万平方千米，国内人口约为 1890 万(2021 年)。① 赞比亚是一个典型的多语制国家，国内共有 31 种部族语言，但是英语却是该国的唯一官方语言以及唯一的教学媒介语。作为一个新独立的非洲国家，赞比亚没有选择国内本土民族语言作为官方语言，而是继续选择殖民语言英语作为全国唯一的官方语言，这点从语言政策的角度看特别值得关注。本章以赞比亚的语言政策与规划为研究对象，首先考察赞比亚的语言状况，接着从历时和共时的历史视角考察赞比亚独立前、独立后以及近期的语言政策与规划，然后分析赞比亚选择目前语言政策的原因并考察目前语言政策存在的问题，再对赞比亚独立后的几个重要的语言教育政策文件做文本案例分析，考察不同时期这几个重要的语言教育政策的内容、特点及其局限性，最后分析赞比亚语言政策与规划对我国的启示。

第一节 赞比亚的国家历史及语言概况

赞比亚的历史最早可追溯到 1700 多年前的公元 300 年，当时这片土地

① 中华人民共和国外交部. 赞比亚国家概况[EB/OL]. https://www.fmprc.gov.cn/web/gjhdq_676201/gj_676203/fz_677316/1206_678698/1206x0_678700/，2023-10.

居住着科伊桑人(Khoisan People)。公元12世纪左右，班图人(Bantu)、通加人(Tonga)和恩科亚人(Nkoya)等其他群体也开始在这片土地上定居。公元9世纪，赞境内先后建立卢巴、隆达、卡洛洛和巴罗兹等部族王国。19世纪中后叶，欧洲殖民者和传教士开始进入赞比亚。19世纪末，英国殖民者开始统治赞比亚，并获得了当地铜矿的开采权。1889年至1900年，英国人罗得斯建立的“英国南非公司”(British South Africa Company，简称BSA)逐渐控制了东部和东北部地区。1911年，英国将上述两地区合并，以罗得斯的名字命名为“北罗得西亚保护地”(Northern Rhodesia Protectorate)。1964年1月，北罗得西亚实现内部自治，同年10月24日正式宣布独立，定国名为赞比亚共和国，仍留在英联邦内。

根据赞比亚政府的最新统计数据，赞比亚国内共有73个民族，31种部族语言。几乎所有的地方语言都属于班图语系(Bantu family)的分支，这就包括7种被确定为民族语言(national language)的地方语言，即本巴语(Bemba)、尼扬加语(Nyanja)、通加语(Tonga)、洛齐语(Lozi)、伦达语(Lunda)、卢瓦尔语(Luvale)和卡翁德语(Kaonde)。这7种民族语言的确立是根据不同地区语言的影响力来决定的。尽管有些语言比其他语言更有影响力，但是在赞比亚，没有一种语言的使用人口超过全国总人口的50%。

一般来说，殖民地国家在获得国家独立后，都面临着官方语言的选择问题，对众多新兴独立的非洲国家来说，都要面对这样的选择。1964年10月，赞比亚正式摆脱英国的殖民统治，获得国家独立和民族解放。在国家独立后，赞比亚提出“同一个赞比亚，同一个国家”(One Zambia, One Nation)的理念，该理念反映了赞比亚人民在后殖民时期对统一的民族国家的向往和期待。在“同一个国家，同一种语言”(One nation equals one language)理念的影响下，赞比亚选择英语作为国家唯一的官方语言。尽管赞比亚在独立后也明确了7种民族语言，但只有英语是赞比亚宪法中唯一承认的官方语言。英语是赞比亚各级政府正式使用的官方语言，也是赞比亚各级学校使用的最主要的教学媒介语。但是，对于绝大多数的赞比亚公民来说，他们都是多语使用者，在日常生活中绝不仅仅局限于英语的使用。有学者曾指出："复杂的多语主义是赞比亚人身份象征和日常交流的重要组成部分。"①为了更好地保护赞比亚丰富的语言资源，地方语言应被高度重视并被重点保护。特别值得关注的是，地方语言在教育领域极其重要，因为学校是语言政策实施的首要场域，同时，教育也能对整个国家整体语言水平产生重要影响。

第二节　赞比亚语言政策的历史演进

作为一个多语言、多民族的国家，赞比亚的语言政策与殖民主义的历史息息相关。本节将从历史的视角，考察赞比亚独立前和独立后两个时期语言政策的历史演进。

一、赞比亚独立前的语言政策

在英国殖民统治时期，赞比亚语言政策最显著的特征是可被概括为"二元制"的语言结构：在国家层面，殖民语言英语是国家层面的官方语言。此外，在区域层面，选择某种地方本土语言作为区域层面的官方语言。这样做的目的是为了在当地寻找更好的既懂当地语言，又懂英语的工作人员，以期更好地为英国殖民当局服务。在国家独立前，赞比亚当时的政府管理可分为两个不同的阶段。第一阶段从 1899 年至 1924 年，当时是由英国人罗得斯建立的"英国南非公司"(BSA)进行直接管辖。第二阶段从 1924 年开始一直持续到 1964 年赞比亚获得独立，这一时期赞比亚成为英国的保护地，由英国殖民当局进行管辖。

(一)"英国南非公司"管辖期间的语言政策

在第一阶段，"英国南非公司"规定英语为当地的官方语言，同时也将

① Banda F, Bellononjengele B O. Style, repertoire, and identities in Zambian Multilingual Discourses[J]. *Journal of Multicultural Discourses*, 2010, 5(2): 107-119.

英语规定为其直接管辖的教会学校的教学媒介语。而在其非直接管辖的教会学校以及本地学校则同时使用英语和当地语言两种语言作为其教学媒介语。从课堂教学媒介语的角度看，这一时期对教学媒介语的规定是现代赞比亚正式语言政策的开端。

(二)英国殖民当局管辖期间的语言政策

国家独立前政府管理的第二阶段始于1924年，当时的赞比亚由“英国南非公司”管辖转变为英国当局直接管辖的保护地。在这一阶段，英语仍然是当地部分教会学校的教学媒介语。但是，与第一阶段明显不同的是，英国殖民政府正式承认本巴语(Bemba)、尼扬加语(Nyanja)、通加语(Tonga)、洛齐语(Lozi)这四种本土语言为国家的官方区域教学媒介语。这一政策对当地本土语言的认可在赞比亚语言政策的发展史上具有重要的意义。这一政策赋予了当地语言合法的地位，认可了地方语言在教育体系中所扮演的角色。该政策使得当地的小学生可以在小学一二年级的时候用他们最为熟悉的地方语言接受教育；接着，在三四年级的时候通过一种区域官方语言接受教育；然后从五年级开始，通过英语接受教育。这一过程如表6-1所示：

表6-1 赞比亚小学教学媒介语情况统计

教育层次	教学媒介语
小学一二年级	地方语言①
小学二三年级	区域官方语言
小学五年级以上	英语

必须指出的是，尽管被认可的四种官方语言在学生四年级以后仍然被

① 在某些地区，如地方语言与区域官方语言重合，则在小学前四年都以区域官方语言作为教学媒介语。

当成一门课程来讲授，但是对于这四种语言的师资培训、课程体系、教学材料等方面并无统一的规划和设计。因此，有学者指出："尽管在殖民时期，非洲本土语言在小学的前几年被当成课堂教学媒介语来看待，但是它们仅仅是作为教师高年级使用英语进行授课的过渡语言而已。"①

二、赞比亚独立后的语言政策

1964年10月，赞比亚正式从英国殖民者统治下获得独立。与其他新兴独立国家一样，赞比亚也面临着独立后国家语言的选择问题。根据国际知名语言学家罗伯特·卡普兰和理查德·巴尔道夫(Kaplan & Baldauf)在1997年就这一问题给予过特别的关注："非洲国家在获得独立之时，必须要选择一种或几种语言来服务于国家统一的需要，来增强全体国民的历史身份认同。所选择的语言必须能满足国内大多数民众日常使用的需要，同时，这种语言也能被国内其他族群所接受。"②这一论断是语言资源论的典型代表，它坚信语言是推动国家统一、民族团结的关键因素。

一般来说，新兴独立国家在官方语言和民族语言的选择上，一般有三种类型。第一种类型：国家独立后，继续使用前殖民国家的语言作为的官方语言。此类国家难以在国家的本土语言中挑选出能够让国内各族群都广泛接收的语言作为国家独立后的官方语言，本土语言中没有一种语言能够发挥促进国家统一和民族团结的重要作用。因此，继续使用前殖民国的语言反而是国内各族群都能接收的一种方案。第二种类型：国家独立后，将两门语言确立为国家的官方语言。首先，在国内的本土语言中选择一门作为官方语言，同时保留前殖民国的语言作为国家的官方语言。做出此类选择的国家有一个前提，那就是该国家中存在一门全体国民均能接受的本土语言，这门语言能够成为国家独立后国民彼此进行交流的国家通用语言。

① Ansre G. Four Rationalisations for Maintaining European Languages in Africa[J]. *African Languages*, 1979, 5/2: 10-17.

② Kaplan R, Baldauf Jr. R B. *Language Planning*: *From Theory to Practice*[M]. Johannesburg: Multilingual Matters Ltd., 1997: 67.

其次，为了国家的发展需要，此类国家还会保留前殖民国的语言作为国家的官方语言，便于在科技领域更高效地与外界交流，与国际接轨。第三种类型：新兴独立国家国内存在着多种本土语言，每一种本土语言都有着自己独特的经济、文化和历史价值。因此，选择其中任何一个族群的语言都会导致其他族群的反对。因此，此类国家的解决方案是，在国家层面选择一门西方语言(一般是前殖民国语言)作为国家的工作语言；在地区层面选择一门地区通用语作为地区语言；同时，认可每个族群的母语作为地方语言。

赞比亚在获得国家独立之时，在国家官方语言的选择问题上，最终选择了第一种类型，即把前殖民国的语言——英语作为国家独立后全国唯一的官方语言。赞比亚是在反复研判和分析的基础上做出这样的语言选择，这也体现出非洲国家在国家独立后制定语言政策的艰辛与不易。赞比亚在国家独立后将英语作为国家唯一的官方语言主要有以下几方面原因：第一，赞比亚独立时国内存在大量本土语言，但是没有一种本土语言能够成为全国的通用语言，也不能被全国范围内不同族群所接受。第二，赞比亚不认为国内的任何一门本土语言，即便是7种区域官方语言，具有解释现代概念的足够能力，也没有一种本土语言有可能发展成为国际交流媒介，并被国际社会所接受。

因此，在国家独立时，在国家层面和国际层面，英语是教育领域以及所有公共事务领域的唯一使用语言。赞比亚希望形成一个以英语为唯一交流语言的单语社会。此外，英语同时被视为一门中立的语言，这样更能够被赞比亚国内不同的语言群体所接受。特别是英语这门中立的、非本土语言也被普遍认为更有利于国家统一和民族团结。因为对于刚刚获得独立后的赞比亚来说，语言的多样性是引发国家分裂和民族矛盾的重要诱因，尤其是各族群的地方语言更是阻扰民族融合、国家统一与国家发展的消极因素。具有讽刺意味的是，尽管赞比亚选择殖民语言作为发展国内经济以及维护民族团结的重要手段，但是由于国内使用英语的人数有限，导致英语并未发挥其应有的作用。

第三节　赞比亚独立后的语言教育政策的转变及其动因

语言教育政策一直是赞比亚在制定和实施语言政策过程中重点关注的领域。自国家独立后，赞比亚教育部门也高度关注国家的语言教育政策，这点可从赞比亚获得独立后到 20 世纪末的三份重要的教育政策文件中得到体现。这三份教育政策文件分别是《1966 年教育法案》(*The* 1966 *Education Act*)、《1977 年教育改革建议》(*The* 1977 *Education Reforms Recommendations*)以及《1996 年教育政策文件》(*The* 1996 *Education Policy Document*)。这三份文件在赞比亚独立后的语言教育政策的发展历程中具有里程碑式的意义，直接代表和反映了该国语言教育政策的演进和发展方向。本节将对以上三份教育政策文件的出台背景、主要内容以及对语言教育政策的影响进行分析。

一、1966 年的语言教育政策

国家独立后，在各级学校究竟要采取哪种语言作为学校的教学媒介语日益摆上了议事日程，赞比亚的议会也对该问题进行了广泛而深入的讨论。讨论的焦点是在教育体系中如何确定殖民语言英语以及本土语言的地位问题。大力支持赞比亚本土语言者主要有以下几方面的考量：第一，如果在国家层面使用英语作为国家的官方语言，并在教学媒介语使用英语替代本土语言的话，将会威胁到赞比亚本土的文化和传统。因为本土语言是一个国家文化和传统的重要载体。第二，国家独立后，选用国内本土语言作为国家的官方语言和教学媒介语是展示国家脱离殖民统治，实现国家独立和民族解放，开启国家发展新篇章的重要标志。第三，使用本土语言作为教学媒介语是保存赞比亚历史的重要手段。第四，从教学效果的角度看，使用本土语言对于提升学生整体的学习效果更有帮助。教育研究者指出，使用母语进行教学将更有益于培养学生的想象力，促进学生心理的健康发展，并为学生未来智力的发展打下坚实的基础。

尽管赞比亚国内有很多积极推动把本土语言作为教学媒介语的声音和理由，但是最终在1966年的教育法案中，赞比亚政府还是决定将英语作为从小学一年级到大学的教学媒介语。赞比亚政府在国家的教学媒介语上最终做出这样的选择主要有以下几个原因：第一，在国家独立伊始，政府选择英语作为课堂教学媒介语，主要有这样的担心：任何一种国内本土语言一旦被选中作为教学媒介语，则容易导致各语言族群之间的对立。因为赞比亚国内本土语言众多，国内各族群都希望通过教学语言的争夺来扩大自己的影响力。因此，选择英语这门“中立”的语言作为国家唯一的官方语言和教学媒介语，不失为一个各方都能接受的选择。第二，选择英语作为国家的教学媒介语也有对国家现实师资条件的考虑。在赞比亚独立之初，没有足够的本土语言师资能够满足学校教学的需要。因此，如果选择本土语言作为教学媒介语的话，学校的教学和学习质量就难以得到保证。此外，如果在不同地区使用不同的本土语言作为教学媒介语，也会给全国的教育体系带来麻烦。第三，从19世纪末开始，英语作为一门殖民语言，已经在赞比亚的各级政府和学校使用多年，形成了一套完整的语言教学体系。此外，在科学、技术等关于国家未来发展的领域，英文的资料也更为丰富，另外，使用英语也更易于与国际社会接轨。第四，英语作为一门全球通用语言，在赞比亚有着更高的声誉。在普通民众的眼里，英语是高级语言，掌握好了英语意味着有更好的就业机会，能够获得更高的社会经济地位。而相比较而言，本土语言被认为是落后的语言，其声誉远不能和国际语言英语相比。

尽管政府也明白选择英语作为国家唯一的官方语言和小学一年级至大学的教学媒介语会导致国内少部分精英群体拥有更多的优势。但是在1966年的国家独立初期，国家统一和民族团结是最重要的，精英阶层因为语言获得的优势和国家统一和民族团结比起来似乎又是不值得一提的。在1966年的教育法案之后，20世纪的赞比亚还有两次影响较大的语言教育政策的改革：第一次是1977年的语言教育改革，第二次是面向21世纪的、更加激进的语言教育政策改革。

二、1977 年的语言教育政策

进入 20 世纪 70 年代以后，英语作为唯一课堂教学语言的劣势日渐显现。对于赞比亚的儿童来说，学校课堂是他们接触英语的唯一机会，课堂之外他们都是用社区语言交流，而在家庭内部他们又使用家庭语言进行交流。在课堂教学实践中，人们逐渐发现教师在解释一些难度较大的概念时都是使用社区语言进行解释，因为这更易于被学生所理解和掌握。但是这种做法却是与国家的语言教育政策相违背的，因为从国家层面来看，政府一直是在努力推广全英语教学。学校的真实做法与国家的语言教育政策出现了不一致的情况。1977 年的语言教育政策改革正是在这样的背景下应运而生的。

1977 年教育改革思想体现在赞比亚的正式文件《教育改革：提议与建议》(*GRZ Ministry of Education*, 1977) 中。该文件明确指出："教育的功能是为了确保每一个孩子都能掌握必要的学习技能，可以为他今后继续深造或是未来参加工作打下坚实的基础。学校应尽其所能地在智力上、社交上、情感上、身体上、道德上、精神上帮助学生，指导他们获得理论和实践技能，以便学生未来能够更加自如地运用知识。此外，学校也应重视学生学习态度和价值观的塑造。"①

在语言教育政策上，针对 1966 年语言教育政策实施以来出现的问题，1977 年的文件中对于教学媒介语的使用提出了两点建议：第一，各级学校将继续沿用目前正在实施的语言教育政策，即从小学一年级开始一直到大学教育都使用英语作为教学媒介语。但是如果教师在教学过程中遇到一些难以理解的概念和知识时，教师可使用 7 种政府规定的官方本土语言的一种进行解释，前提是班上的大多数学生能懂得这种本土语言。第二，各级

① *Educational Reforms*: *Proposals and Recommendations* [R]. GRZ Ministry of Education, 1977.

学校在教授赞比亚本土语言的问题上应该更加积极，语言科目的学习也应该和其他科目一样受到重视。

1977 年的教育改革看到了自国家独立以来语言教育政策的弊端。英语独大的语言教育政策忽视了赞比亚本土丰富的语言资源，也忽视了本国民众语言交流的历史和习惯。从这个角度来看，增加本土 7 种区域官方语言作为英语教育的有益补充，是赞比亚语言教育政策改革的巨大进步，本土语言也因此得到了国家官方的认可，可以作为学校的教学媒介语进入课堂教学了。但是，从以上两点建议来看，赞比亚语言教育政策的改革仍然任重而道远。比如在第一条建议中，没有将学校教学的实际困难考虑在内。在很多情况下，说着一种本土语言的学生经常是在另一地区接受教育，而这一地区的授课语言却是另外一种本土语言。另外，政府只规定了 7 种官方本土语言可以作为英语教学的补充，但是在现实教学中，有的教师为了保证学生们都能听懂，必须选择本地的通用语言，而这些本地通用语不属于 7 种官方语言的范畴，因此，在政策层面是与国家的要求相违背的。第二条建议也存在语焉不详的问题。建议中提到要提升赞比亚本土语言的地位问题，但是如何提升却没有涉及。同样，建议中也未提到各级学校应该如何更加有效地进行赞比亚本土语言的教学。

三、1996 年的语言教育政策

到了 20 世纪 90 年代，赞比亚的语言教育政策中存在的问题更加凸显。尽管在 1977 年的教育改革中，已经允许 7 种官方地区语言作为学校的教学媒介语，但是在很多情况下，大多数学生对其本地的社区语言更为熟悉。从这个角度看，将各地的社区语言列入教学媒介语的呼声日渐高涨。

1996 年，赞比亚政府发布了官方教育文件——《教育我们的未来：国家教育政策》(GRZ Ministry of Education，1996)。这份政府的官方文件明确提到：“毕业生发现自己无论是用赞比亚本土语言还是英语，都很难自信地进行口语或写作交流。”①这一结论表明 1966 年和 1977 年的语言教育政策均不成功，以英语作为主要教学媒介语的方式没有取得理想的效果。

1996 年的政府文件中明确了教育部门基础教育项目的目标，即希望每一个完成九年级学业的学生能够“具备用英语以及一门赞比亚本土语言进行听、说、读、写交流的能力”②。该文件还进一步提到：“中小学课程的基本目标就是使学生能够同时用赞比亚本土语言和英语清晰、正确、自信地阅读和写作。”③该文件承认从小学一年级开始使用英语作为教学媒介语对于学生的学业表现有消极影响，因为英语并非学生的母语，让小学生用一门外语学习阅读和写作困难较大。该文件也充分认识到母语教学的重要作用，并开始关注和借鉴支持本土语言作为课堂教学媒介语的相关研究。

通过以上分析，可以清晰地发现，1996 年的语言教育政策在赞比亚本地语言在教学中的使用方面比 1966 年和 1977 年的语言教育政策更进了一步。1996 年的政策认识到英语和本土语言作为教学媒介语的各种不足，建议取两者之长，成互补之效。此外，1996 年的政策特别强调了社区语言(community language)以及少数民族语言(minority language)的重要性，这就比 1977 年的政策中只允许 7 种地区官方语言作为教学媒介语又更进了一步。

通过对以上 20 世纪的三个语言教育政策文件的分析，可以清晰地看到赞比亚语言教育政策的发展轨迹：从 60 年代的完全反对本土语言作为课堂教学媒介语，到 70 年代对本土官方语言的有限承认，到 90 年代的完全正式认可社区语言在学校教学中的重要作用，赞比亚在其本土语言的认知方面一步步发生着有利于本土语言复兴的重要变化。1996 年的语言政策文件

① GRZ Ministry of Education. *Educating Our Future*: *National Policy on Education* [M]. Lusaka: ZEPH, 1996: 27.

② Ibid, p. 31.

③ Ibid, p. 34.

出台后，赞比亚的语言教育政策似乎和独立前的政策较为相似，即在小学的前四年，学生都用本土语言接受教育，然后再过渡到英语教学。但是与独立前“自上而下”制定的政策不同的是，本次语言教育政策的修订和调整是通过“自下而上”的方式完成的，这种方式赋予了社区语言重要的功能和角色，母语教育在赞比亚得到了前所未有的重视和关注。

四、21世纪的语言教育政策

进入21世纪后，赞比亚的语言教育政策又根据新的时代变化和需要，进行了重新调整。2011年的教育法案(*Education Act of* 2011)进一步强调了当地语言对于国民整体识字能力的提升。此外，在2013年赞比亚教育课程框架(*Zambia Education Curriculum Framework*)中，赞比亚教育部门列出了7种本土语言作为学前教育时期以及小学一至四年级所有课程的官方教学媒介语。从小学二年级开始，英语作为一门课程进行讲授，并且将英语教学的重点放在提升学生英语口语水平上。此外，2013年的赞比亚教育课程体系第一次将学生的个性化特殊需求考虑在内，譬如手语和盲文也被列入国家的语言教育体制之内。在这种教育政策下，赞比亚的教育部门实施的是“早退双语模式”(early-exit bilingual mode)，入学伊始使用的是本土语言进行教学，从五年级开始一直到大学教育都是使用英语进行授课。但是本土语言作为一门必修课程一直要学到九年级。

至此，赞比亚彻底改变了以英语作为唯一的官方语言和教学媒介语的语言政策，7种区域官方语言以及各地的社区语言都得到了国家的认可和重视。“早退双语模式”已成为赞比亚在新世纪的主要语言教育模式，学生的母语在早期学生读写技能的塑造和培养中日益发挥重要作用，英语和母语的关系问题也得到了妥善处理和安排。此外，特殊学生的个性化需求如手语和盲文也被列入了全国的教育课程体系中。赞比亚的语言教育政策在国家独立后经过几十年的发展，更加切合国家实际，更能满足国民需求，也更加与国际接轨。

第四节 赞比亚的语言教育政策对我国的启示

赞比亚的语言教育政策在国家独立后经历了多次变化，这对我国的语言教育政策也有颇多启示，主要体现在以下几个方面：

第一，务必要从语言资源论的视角看待国内语言的多样性。从语言资源论的视角来看，国内的多种语言不再是阻碍国家统一和民族团结的消极因素，而是国家的宝贵财富和重要文化资源。我国和赞比亚一样，也存在多种语言。因此，应秉承语言资源论的观念，加强国内各种少数族群语言、各地方言的规范和保护工作，抢救国内的濒危语言。充分运用现代技术手段，加大国内各种语言的语料库和语言学习平台建设，通过语料搜集整理和改善语言的生态条件来保护语言。

第二，务必要高度重视本土语言在国家统一和民族团结中发挥的作用。世界上绝大多数发展中国家在赢得国家独立和民族解放后，都至少会将一种本土语言作为国家的官方语言和教学媒介语，这是国家统一的身份象征。赞比亚在这个问题上的教训值得重视。在20世纪60年代独立之初，赞比亚政府没有能力和精力来认真思考本土语言的重要功能和作用，把殖民语言——英语作为国家独立后的唯一官方语言和教学媒介语，在学校的教学过程中产生了一系列的现实困境。直到十年后的70年代，才开始重新思考这个问题，并在90年代做出了重新调整。进入21世纪后，其国内各种语言之间的关系才得以真正理顺，各语言都在国家的教学体系中找到了自己的位置。

第三，务必要尊重学生学习规律，重视学生母语在低年级教学中的作用。在获得国家独立后的很长一段时间内，赞比亚政府规定从小学一年级开始就使用英语作为教学媒介语进行教学，这其实是违背学生学习规律的。英语既非学生母语，也不是学生的日常交流语言，过早地使用英语进行教学，对教师和学生来说都是巨大的压力和负担。有研究表明，用母语进行教学，尤其是在入学伊始的前几年，对于提升学生的读写能力，提升整个国家的识字水平，以及促进学生的智力发育都具有重要的推动作用。在我国，政府也应该高度重视学生的母语教育，正确处理好母语与国家通用语言、外语的关系，实现我国各语言之间的良性互动、和谐共生。

第七章　“一带一路”沿线国家肯尼亚的语言政策与规划

肯尼亚位于非洲东部，赤道横贯中部，东非大裂谷纵贯南北。东邻索马里，南接坦桑尼亚，西连乌干达，北与埃塞俄比亚、南苏丹交界，东南濒临印度洋。① 国内人口约4756.4万，其首都内罗毕享有“非洲小巴黎”之称，是非洲的金融中心，也是联合国四大总部之一。联合国环境规划署和联合国人类住区规划署总部均设于此。肯尼亚是东非合作组织、东南非共同市场等区域合作组织的倡导者，其以优越的地理位置，较为完善的经济基础，发挥着向东、中非辐射的重要作用。②

1963年12月12日，肯尼亚宣布从英国殖民者的统治下获得独立，但仍留在英联邦之内。两天后，我国与肯尼亚共和国正式建交。2013年，自我国“一带一路”倡议实施以来，肯尼亚积极参与，是利用“一带一路”倡议的优势和潜力最成功的国家之一。

2017年5月，肯尼亚总统肯雅塔应邀赴华出席“一带一路”国际合作高峰论坛，习近平主席和肯雅塔总统共同决定将两国关系提升为全面战略合作伙伴关系。此后，中肯经贸关系继续深度融合：中国是肯尼亚的第一大贸易伙伴、第一大工程承包商来源国、重要的投资来源国以及增

---

① 中华人民共和国外交部. 肯尼亚国家概况[EB/OL]. http://switzerlan-demb.fmprc.gov.cn/web/gjhdq_676201/gj_676203/fz_677316/1206_677946/1206x0_677948/, 2023-10.

② 郭策. 中国驻肯尼亚大使馆经济商务处、公使衔经济商务参赞致辞[EB/OL]. http://ke.mofcom.gov.cn/article/about/greeting/201911/20191102912686.shtml, 2019-11-13.

长最快的海外游客来源国。中肯合作项目众多，而其中知名度最高的要属蒙内铁路。从蒙巴萨至内罗毕的标准轨铁路是肯尼亚独立以来的世纪工程，也是“一带一路”伟大倡议在非洲的早期收获成果。它的交付与运营使得肯尼亚成为拥有现代化铁路的国家，巩固了其在非洲的交通枢纽地位，也使得游客坐着火车看大象成为可能。蒙内铁路已成为中肯合作的一张亮丽名片。①

肯尼亚也是江西省“一带一路”沿线的重要国家，江西省企业在肯尼亚参与了大量的基础设施建设和经贸合作项目，了解和掌握肯尼亚的语言政策，对于江西省推动“一带一路”建设亦具有重要的现实意义。由于英国殖民时期的语言政策对肯尼亚独立后的语言政策有很大影响，本章主要从历史角度考察肯尼亚在独立前以及独立后的语言政策，接着考察肯尼亚国内最重要的两种语言英语和斯瓦西里语之间的妥协与竞争，最后分析肯尼亚的语言政策对我国的启示。

第一节 肯尼亚的历史及语言概况

肯尼亚是人类文明发源地之一，境内曾出土约 250 万年前的人类头盖骨化石。在公元前 2000 年，就有人类定居的痕迹。16 世纪，葡萄牙殖民者占领了沿海地带。19 世纪末，欧洲列强掀起了瓜分非洲的狂潮。1884—1885 年，英、法、德、比、俄、葡等 15 个欧洲列强在德国柏林召开了柏林会议(The Berlin Conference)。正是在此次会议上，欧洲列强对其非洲的势力范围进行了划分，肯尼亚成为英国的“东非保护地”(The British East Africa Protectorate)。为了更好地对其殖民地进行殖民统治，英国面临很多亟须解决的问题，而语言和教育问题则是其中的一个非常重要的问题。从殖民时期开始，英语这门殖民语言就被英国殖民者用来为其殖民利益服

① 郭策. 中国驻肯尼亚大使馆经济商务处、公使衔经济商务参赞致辞[EB/OL]. http://ke.mofcom.gov.cn/article/about/greeting/201911/20191102912686.shtml, 2019-11-13.

务，是剥削肯尼亚人的工具。但是从经济角度看，肯尼亚民众却希望能够学好英语，因为这是他们获取一个好工作的基本前提。

肯尼亚是一个语言多样、文化多元的非洲国家。肯尼亚 2010 年 8 月颁布的新宪法第二章第七条规定："肯尼亚共和国的国语(national language)为斯瓦西里语，官方语言为斯瓦西里语和英语。"根据新宪法的规定，斯瓦西里语为第一官方语言，英语为第二官方语言。英语是政府部门、外交领域、国际商务活动以及其他正式领域的官方媒介语；而斯瓦西里语是肯尼亚的国语，是国内各族群间的日常交际语言以及政府管理语言。需要注意的是斯瓦西里语和英语这两种语言都不是肯尼亚农村人口使用的主要语言，农村人口这两种语言水平都不高。在肯尼亚农村地区，大家还是更习惯用当地的地方语言进行交流。据统计，肯尼亚国内至少有 44 个部族，每个部族都拥有其独特的部族语言。其中，有些语言，如基库尤语(Gikuya)和卢奥语(Dholuo)，将其作为家庭语言的人数正在迅速增加，估计人数达数百万左右。而其他当地语言，如苏巴语(Suba)和奥凯克语(Okiek)，其使用人数较少并且还在不断递减，因此处于濒危的状态。① 肯尼亚目前的语言政策深受其殖民时期的历史以及殖民时期语言政策的影响。英国殖民者统治时期大力推动使用英语对于肯尼亚此后的语言政策有着深远的影响。自国家独立以来，英语在肯尼亚比其他任何语言都有更高的地位和声誉。新宪法实施后，这种情况有所改观，斯瓦西里语被确定为国家的官方语言，手语和盲文也被国家新宪法所认同。

第二节　肯尼亚独立前的语言政策

肯尼亚共和国在 1963 年获得国家独立。在独立前，其语言政策在第二次世界大战前后有着较为显著的差异。因此，本节以第二次世界大战为

① ［美］詹姆斯·托尔夫森. 语言教育政策：关键问题(第二版)［M］. 北京：外语教学与研究出版社，2018：150.

界，将肯尼亚独立前的语言政策分为两个历史时期："二战"前的语言政策以及"二战"后的语言政策。

(一)"二战"前肯尼亚的语言政策(1895—1945)

自肯尼亚成为英国"东非保护地"之后，一直到第二次世界大战以前，英国对肯尼亚进行殖民统治期间的多个利益攸关方均对当时肯尼亚语言政策的形成产生了影响。这几个利益攸关方包括基督教传教士群体、英国殖民政府当局以及英国在肯尼亚的定居者。这几个群体均从自身利益出发，对于语言政策有着不同的看法和期待。第一个利益攸关方为基督教传教士群体。基督教传教士认为应该用肯尼亚当地人的本土语言来传播基督教教义。第二个利益攸关方为英国殖民当局的管理者。他们只希望能够对肯尼亚当地人教授有限的英语，希望能有部分懂英语的当地人加入殖民地的管理中，为英国殖民当局服务。他们担心过多的英语教育使得本土的非洲人开始接触西方的人人平等思想观念，从而不再满足于只接受非常低微的工资收入。以上两个群体对语言的要求和期待，对当时肯尼亚的语言政策都产生了影响。

基督教传教士们很早就关注肯尼亚的语言政策问题。早在1909年，在肯尼亚召开的联合传教士会议(United Missionary Conference)上，就肯尼亚境内的语言问题，即英语、斯瓦西里语以及当地本土语言的关系问题进行了讨论。这次会议决定在小学的前三年使用当地的本土语言(即学生的母语)授课，四五年级使用斯瓦西里语授课，而从六年级一直到大学都使用英语进行教学。① 基督教传教士们还以拉丁字母为基础，为当地语言制定了一整套书写系统，从而促进了当地语言的发展。另一个促进当地语言发展的因素是跨地区语言委员会(Inter-territorial Language Committee)实施的斯瓦西里语标准化运动。另外，当地语言也从殖民主义者建立的出版公司

① Gorman T P. The Development of Language Policy in Kenya with Particular Reference to Education System[M]//Whiteley W H. *Language in Kenya*. Nairobi: Oxford University Press, 1974: 397-446.

中(publishing firms)获得了发展机会，尽管此类公司的首要目的是促进英语的传播，但肯尼亚人也借此机会用本土语言进行了作品的创作和发表。然而，这类行为仍然需要在殖民政府的监督下进行，因为他们担心这样的工作会破坏英国的殖民统治。

一直到20世纪20年代，在肯尼亚的教育系统中，地方语言、斯瓦希里语和英语都能在教育的不同阶段得以自如地使用。但是，也正是从这个时候开始，英国殖民政府对当地的英语教学越来越感到担忧，他们担心接受了英语教育的肯尼亚人只愿意从事较高层次的白领工作，而不愿意从事低层次的体力性工作。而这完全违背了殖民当局对肯尼亚人进行英语教育的初衷，殖民当局对当地人进行英语教育的目标就是要维持一个能够从事基础性工作的工人阶层，这就迫使殖民当局重新审视其语言教育政策。此外，一些殖民者不愿意让更多的非洲人学习他们的语言。

这些问题出现后，英国殖民当局对其语言政策进行了调整：英国人对非洲人的英语教育此后以一种更加谨慎的方式进行，其最终目的就是要使其非洲殖民地的绝大多数人无法接受中学教育以及高等教育。这一调整实际上阻碍了英语在非洲殖民地的传播，与英国殖民者一直以来都在殖民地大力推广英语的观点是不一致的。然而，必须指出的是，英国殖民者这种有保留地进行英语教育的行为反而激发了殖民地民众学习英语的热情，因为他们已经意识到会说英语是他们获得更好工作、过上更好生活的重要门槛，没有机会学习英语就只能从事重体力的低层次工作。也正是出于这个原因，肯尼亚国内的最大部族基库尤族(Kikuya)在20世纪20年代就开设了自己的独立学校来学习英语。

从以上分析可以明显看出，“二战”前肯尼亚的语言政策是特定的利益攸关方在特定时期的利益体现，反映的都是殖民者的利益，肯尼亚人的诉求从未被考虑在内。总体上看，20世纪20年代前的语言政策对于英语、斯瓦西里语以及肯尼亚当地的本土语言三者之间的关系处理得更好。在当地学生学习的不同阶段，采用不同的语言作为教学媒介语进行教学，使三种语言之间形成一种互补关系。而从20世纪20年代开始，英国殖民当局就开始反思其英语教育，并对其语言政策进行了调整。殖民当局既要为当地人提供必要的英语教育以满足其殖民统治的需要，又担心过度的英语教育会激发当地民众的平等意识，进而有对其殖民统治产生威胁。英国殖民当局的这种矛盾心理集中体现在1924年颁布的普尔普斯-斯多可斯委员会(Phelps-Stokes Commission)的报告中。在该报告中，它既建议在课程体系中废除斯瓦西里语这门本土语言，又同时建议在小学的早期阶段使用当地本土语言教学，而从小学高年级阶段一直到大学都使用英语进行教学。从20世纪20年代开始的语言政策的调整总体来说对肯尼亚本土语言是不利的，这也对“二战”后肯尼亚的语言政策产生了影响。

(二)“二战”后肯尼亚的语言政策(1945—1963)

第二次世界大战之后，英国殖民当局的语言政策最明显的变化体现在对肯尼亚当地语言的态度上。在这个阶段，肯尼亚当地语言的地位遭受严重削弱，英语的霸主地位得到了进一步巩固。“二战”后，民族解放运动在全球范围内风起云涌，肯尼亚民众也深受这种思潮的影响。在这种情况下，英国殖民者决定在肯尼亚培养一个会说英语、亲西方的精英阶层，来维护其在肯尼亚的殖民统治。这就是英语在“二战”后的肯尼亚语言政策中占据主导地位的重要原因。

1952年，肯尼亚教育部门发布了一份教育研究报告，报告指出，在肯尼亚的小学用三种语言进行教学是不合适的。该报告建议在课程体系中废除斯瓦西里语，并从小学低年级就开始教授英语。这一建议从1953年开始就在肯尼亚各小学正式实施。斯瓦西里语被排除在课程体系之外，既与该语言在“二战”后成为该国民众争取民族独立的民族语言相关，也与殖民当局进一步提升英语在整个教育体系中的地位有关。为了进一步巩固英语的主导地位，在“二战”后，英国殖民当局不惜以牺牲当地语言为代价，将英语作为各层次学校的唯一教学媒介语。这种教学模式被称为“新基础方法”(New Primary Approach)模式，也被称为“英语教学方法”(English Medium Approach)模式。为了更好地实施这一新方法，教师们接受的都是英语培训，而学生的地方语言则被认为在小学的早期阶段拥有优势。可以说，这一教学模式进一步巩固了英语在肯尼亚语言政策中的主导地位。

根据对第二次世界大战后肯尼亚的殖民语言政策的分析，足以说明英国殖民当局选择以牺牲当地语言为代价来巩固和支持英语在肯尼亚的主导地位。但是，必须指出的是，殖民当局支持英语的动机并不是为了让肯尼亚人更好地学习这种语言，而是为了防止肯尼亚民族主义通过斯瓦希里语这门主要民族语言得以发展壮大。这一举措也给肯尼亚留下了不公正的语言遗产。英语继续扮演着分裂国家的角色，将肯尼亚人分成懂英语的人和不懂英语的人。即使在肯尼亚独立 50 年后，英语仍未摆脱其精英主义和排外主义的属性和地位。

第三节　肯尼亚独立后的语言政策

1963 年，肯尼亚终于从英国殖民统治下获得国家独立。国家独立后，英语被确定为国家的官方语言，并且被广泛地应用于肯尼亚各级政府机构以及各类学校中。毫无疑问，这种语言政策的安排是英国殖民统治时期语言政策的延续。此外，新政府的政府官员也多为殖民教育体系的产物，因此，他们也更倾向于沿用殖民时期的各类政策，而不是立即开展各类改革。然而，在制定新的全国性语言政策的问题上，新政府尝试通过委托研究委员会(Research Commissions)的方式，做了很多具体的调查和研究工作，为新政府语言政策的制定建言献策。1964 年，肯尼亚教育部门对本国国民的语言使用意愿做了一项调查，结果显示，大多数国民希望新政府能实现三语教育政策：母语作为日常口头交际语使用，英语和斯瓦西里语作为从小学至大学的教学媒介语使用。出于国家统一和团结的目的，斯瓦西里语在各级学校中特别受到老师和学生的欢迎。此外，斯瓦西里语还被认为是推动泛非洲运动(Pan African Campaign)的重要语言工具。然而，与英语在国民教育中的地位形成鲜明对比的是，斯瓦西里语未被纳入国家独立后的课程体系中，在此后很长的一段时间里，斯瓦西里语都还只是学校的一门选修课程。

如前文所述，肯尼亚独立后语言政策的调整基本上都与受政府委托的各教育委员会的建议密切相关。具体来看，对独立后肯尼亚的语言政策产生了较大影响的委员会主要有三个：1964 年的奥明德委员会(Ominde Commission)、1976 年的加查迪委员会(Gachathi Commission)、1981 年的麦凯委员会(Mackay Commission)。

1964 年，以奥明德教授为首的委员会对肯尼亚的语言状况和需求进行了调查，调查显示，许多肯尼亚人都希望将英语作为从小学到大学的主要教学语言。奥明德委员会对这一观点表达了支持。理由有二：首先是从殖民时期开始，英语就是肯尼亚的主要教学媒介语，在国家独立后继续使用英语有益于国家各项政策的延续。第二，英语相较于本土语言而言，具有其内在的资源优势，各种英语资料都比肯尼亚本土语言的资料要多。因此，在奥明德委员会的建议下，肯尼亚在独立之初，特别强调英语学习的重要性，从小学一年级开始就引入英语教学，并一直持续到大学结束。在强调英语重要性的同时，奥明德委员会也强调，在教育的不同层次和不同地域，母语和斯瓦西里语也是十分重要的，是对英语教育的有益补充。

在国家独立十余年后的 1976 年，加查迪委员会又对肯尼亚语言情况进行了调查。在进行调查后，加查迪委员会建议进一步巩固英语在肯尼亚教育体系中的地位，并建议从小学四年级到大学阶段都使用英语作为教学语言。该委员会还宣布斯瓦希里语是中小学的重要科目，但与英语相比，斯瓦希里语的地位仍然较低，英语的教学时间是斯瓦希里语的两倍多。该委员会还宣布恢复小学一年级到三年级的母语使用，但仅限于语言同质的地区，而在族群背景相当多样化的地区，小学的最初几年将使用英语和斯瓦西里语作为教学媒介语。

对肯尼亚的教育体系以及语言政策的变化产生结构性影响的委员会是 1981 年成立的麦凯委员会。麦凯委员会对肯尼亚教育的影响在于对肯尼亚的教育体系进行了全面的变革，将国家教育体系改为 8 年小学教育、4 年中学教育以及 4 年的大学教育，即所谓的“8—4—4”教学体系。在新的教育体系下，英语仍然是最主要的教学语言，而斯瓦西里语则成为小学和中学的必修课程和考试科目。负责全国课程和教材编写任务的肯尼亚教育学院(Kenyan Institute of Education，简称 KIE)计划以包括英语和斯瓦西里语在内的 22 种语言编写各类教材。

斯瓦西里语成为一门考试科目后，极大地改变了中小学的语言教育情况，斯瓦西里语开始真正得到中小学教师和学生的重视。成为考试科目后，肯尼亚中小学生每周学习斯瓦西里语的时间为 5 课时，而英语的学习时间为每周 6 课时。但从整个社会层面上看，英语仍是肯尼亚最重要的语言。在很多情况下，一个肯尼亚人的英语水平与其最终的社会经济地位息息相关。此外，英语在课堂教学、国家考试中的广泛使用也使英语比斯瓦西里语享有更高的地位和更好的声誉。

第四节 新宪法下肯尼亚的语言政策

2010 年 8 月，肯尼亚颁布新宪法。这部新宪法包含诸多关于语言和文化的条款，因此可以说，2010 年后的肯尼亚语言政策就体现在这部新的宪法中。自国家独立以来到新宪法颁布的几十年时间内，肯尼亚的语言政策都是以斯瓦西里语为该国的国语，而把英语作为国家的官方语言。几十年来，在国家政府部门的各种正式场合，英语都得到了广泛的使用。但是，新宪法签署和实施后，这种情况发生了变化。新宪法的第二章第七条规定："肯尼亚共和国的国语(national language)为斯瓦西里语"，"肯尼亚共和国的官方语言(official language)为斯瓦西里语以及英语"。① 自此，斯瓦西里语在国家独立后，经过几十年的时间，终于和英语一起成为国家的官方语言，而且成为国家的第一官方语言。

新宪法的第二章第七条还建议："国家应促进和保护肯尼亚人民的多

① Republic of Kenya. *The Constitution of Kenya*[M]. Nairobi: Government Printers, 2010.

样性，并且大力推动和发展土著语言、手语、盲文的发展以及残疾人可以使用的通信形式和技术。”①新宪法还进一步明确了关于议会的语言使用规定，在第八章的第一小节中规定：“议会的官方语言应为斯瓦西里语、英语和肯尼亚手语。”②尽管手语在新宪法中仍然缺乏像斯瓦西里语和英语一样的正式法律承认，但是手语、盲文、土著语言在肯尼亚已经被提升到了新的地位。

新宪法中关于语言的规定与联合国开发计划署(United Nations Development Programme，简称UNDP)建议的三语战略相一致。该战略旨在解决人们对“当今多元化世界中的文化自由”的担忧。开发计划署的报告就多语国家的语言政策问题作了一项说明，其中指出：“正如联合国教科文组织所建议的那样，多语国家通常需要一个‘三语模式’，使公众意识到他们能够同时使用三种语言。”③该报告还对“三语模式”作了进一步的详细介绍，就可选择的语言也作了分析，即第一种是国际语言，如英语或法语；第二种是一种区域通用语，如斯瓦希里语；第三种是母语，即人们在家庭和社区生活中使用的本土语言。报告还为“三语模式”的实施给出了具体的建议：“各国应该对这三类语言都给予官方承认，或者至少认识到它们在不同场合下使用的必要性，比如在法庭或学校。”④

在新宪法的框架下，肯尼亚的新语言政策就非常符合这种“三语模式”。根据新宪法的规定，国际语言英语仍然是国家的官方语言之一，这与肯尼亚的殖民历史以及新时代肯尼亚与国际社会的关系密不可分。区域通用语斯瓦西里语在新宪法下也被列为国家的官方语言，而且是第一官方

---

① Republic of Kenya. *The Constitution of Kenya*[M]. Nairobi: Government Printers, 2010.

② Republic of Kenya. *The Constitution of Kenya*[M]. Nairobi: Government Printers, 2010.

③ Agnes W Kibui. Language Policy in Kenya and the New Constitution for Vision 2030[J]. *International Journal of Educational Science and Research*, 2014, 4(5): 94.

④ Agnes W Kibui. Language Policy in Kenya and the New Constitution for Vision 2030[J]. *International Journal of Educational Science and Research*, 2014, 4(5): 94.

语言，这是新宪法中关于国家语言政策的最大调整。在新宪法的规定下，斯瓦西里语不仅是国家的官方语言，也是国家的国语，在国家的各级立法、司法和行政部门中都将发挥重要的作用。而母语教育也为学生早期的学习提供了非常必要的帮助。

2010 年新宪法的出台为新时期肯尼亚语言政策的制定提供了重要的平台和框架，新宪法中对于土著语言、手语和盲文的认可也体现出国家要保障境内所有群体基本权利的理念。可以说，新宪法中关于语言和文化的规定，尤其是对斯瓦西里语的重视为未来国家的发展打下了坚实的语言和文化基础。然而，为了实现肯尼亚所设想的未来增长计划，尤其是 2030 年愿景目标，还需要创新实施机制，以进一步促进语言发展和语言生存。

第八章 “一带一路”沿线国家马达加斯加的语言政策与规划

马达加斯加坐落于印度洋的西南部，与非洲大陆隔海相望，是从太平洋、印度洋到非洲大陆的重要支点，地缘位置十分重要。其领土面积约59万平方公里(包括周围岛屿)，是非洲第一、世界第四大岛屿。人口约2770万(2020年)，其中98%为马达加斯加人。① 1972年，马达加斯加与我国建立起大使级外交关系。自建交以来，两国在政治、经济、文化、教育、卫生、体育等领域的合作与互动都取得了长足的进步。在我国提出“一带一路”倡议后，马达加斯加也予以积极响应。2017年，时任马达加斯加总统埃里访华时，两国签署了共建“一带一路”的谅解备忘录，马达加斯加也成为第一批与中国签署共建“一带一路”谅解备忘录的非洲国家。② 特殊的地理位置以及两国关系的迅猛发展，马达加斯加逐渐发展成为中非共建“一带一路”的桥梁和纽带。

1960年6月26日，马达加斯加结束了法国半个多世纪的殖民统治，获得了国家独立和民族解放。与其他非洲新兴独立国家一样，马达加斯加也面临着国家独立后官方语言的选择问题，这些新兴国家语言政策的制定和规划逐渐成为学界关注的焦点。从国内外的文献来看，当前关于非洲语

---

① 中华人民共和国外交部. 马达加斯加国家概况[EB/OL]. https://www.fmprc.gov.cn/web/gjhdq_676201/gj_676203/fz_677316/1206_678092/1206x0_678094/, 2023-10.

② 文浩. 马达加斯加是中非共建“一带一路”的桥梁和纽带——访中国驻马达加斯加大使杨小茸[N/OL]. https://baijiahao.baidu.com/s? id=1610008851541863378&wfr=spider&for=pc, 2018-08-28.

言政策与规划的研究大多是关注非洲多语国家的语言政策情况，比如坦桑尼亚、尼日利亚、南非、肯尼亚等国家，但是对诸如马达加斯加等单语制国家的语言政策的研究关注较少。此外，马达加斯加对江西的高等教育也有重要的意义。江西师范大学在马达加斯加塔那那利佛大学建立的孔子学院，成为江西高校在非洲国家建立孔子学院的典范，也成为国家汉办指定的全球"示范孔院"。

2022年是中马建交50周年，在"一带一路"倡议走深走实之际，加强"一带一路"沿线重要非洲国家马达加斯加的语言政策研究，具有重要的现实意义。本章以马达加斯加的语言政策为研究对象，从马达加斯加语言政策的历史沿革入手，考察马达加斯加语言政策实践过程中遇到的问题，分析该国语言政策实施失败的原因，总结马达加斯加语言政策的经验教训及其对我国的启示。

第一节　马达加斯加的语言状况与语言政策的历史沿革

语言政策指国家通过立法或者政府调节手段，来鼓励或阻拦使用某一语言或某些语言的政策。① 根据现行马达加斯加的宪法，马达加斯加的民族语言（national language）为马达加斯加语，官方通用语为法语。马达加斯加语言政策的核心问题就是如何处理民族语言马达加斯加语和殖民语言法语这两者的关系问题。与非洲大陆大多数多语国家不同的是，马达加斯加是典型的单语制国家，具有以下几个明显的语言优势：第一，全国范围内只有一种民族语言，即马达加斯加语，因此不存在其他非洲大陆国家的多种民族语言选择问题。第二，法语作为殖民语言，在日常生活中并不是不同地区人们的日常交际语，在日常生活中，人们还是使用马达加斯加语进

① 戴曼纯，贺战茹．法国的语言政策与语言规划实践——由紧到松的政策变迁[J]．西安外国语大学学报，2010(3)：1.

行交流。第三，尽管马达加斯加语的不同变体在特殊词、前缀和后缀等方面存在差异，但是在全岛范围内这些语言的变体却能被不同地区的人们所理解。

但是，马达加斯加却未充分利用这些宝贵的语言优势。从法国进行殖民统治伊始，法语就成了主要的教学媒介语，这在很长一段时间内使得该国普通民众与本国的文化传统渐行渐远。1960 年，国家独立后，在马达加斯加首都以及其他城市地区，精英阶层依然使用法语作为工作语言，小部分甚至把法语作为日常家庭用语。与此同时，法语仍然是该国占统治地位的学术语言以及权力语言。城市的政治精英们一直都有将其子女送往该国法语学校的传统，以确保其子女未来能找到一份好工作。与此形成鲜明对比的是，占全国总人口 80%的居民都生活在农村和沿海地区，由于经济条件的问题，其子女却没有学习法语的机会，他们每天接触到的语言只能是本土语言马达加斯加语。而且部分地区由于人口稀少、学校教学条件较为恶劣，因此该国的社会流动性一直较差。

从历史上看，马达加斯加的语言政策大致可以分为三个阶段：现代马达加斯加语确立时期的语言政策、法国殖民统治时期的语言政策以及国家独立后的语言政策。

一、现代马达加斯加语确立时期的语言政策(1818—1896)

公元 400—700 年，陆陆续续有人口从印度尼西亚迁移到马达加斯加，马达加斯加语因此成为南岛语系①(family of Austronesian languages)的一个分支。历史上第一批使用拉丁字符写成的马达加斯加语文本可以追溯到 1657 年天主教传教士在港口城市托拉纳罗(Tolagnaro)出版的教义问答。然而，第一次正式引进拉丁字母书写现代马达加斯加文字的情况则是通过

① 南岛语系(family of Austronesian languages)，又称马来-波利尼西亚语系(Malay-Polynesian)，是世界上仅有的一种主要分布在岛屿上的一个语系，也是世界上分布面积最广的语系之一。它主要分布于西起马达加斯加、东到复活节岛，北起中国台湾和夏威夷群岛、南抵新西兰的广阔海域内的岛屿上。

1818 年抵达马达加斯加的英国传教士实现的，当时马达加斯加正处于梅里纳王国拉达玛一世的统治下。在传教士学校，马达加斯加语是教学语言，教科书使用马达加斯加语出版，但同时也向英语等主要欧洲语言借用部分词语进行有效表达。马达加斯加语书写体系的建立对该国的教育体系产生积极影响。从 1830 年开始，大量的小学课本就开始用马达加斯加语编写，而 1870 年至 1896 年，许多中学甚至是大学课本也都是用马达加斯加语编写的。

二、法国殖民时期的语言政策(1896—1960)

马达加斯加于 1896 年正式沦为法国的殖民地，法国开始对马达加斯加进行了长达半个多世纪的殖民统治。从这时起，法国对马达加斯加社会生活的各个方面都产生了深远的影响。法国开始成为马达加斯加最大的贸易国，最大的援助国和直接投资国。也正是从这段时间开始，法语在马达加斯加的政治、经济以及教育领域都扮演了非常重要的角色。法语不仅成为一门重要的学科，也成为马达加斯加各级学校的重要教学媒介语。此外，相关的教学内容也被要求与其宗旨国法国保持一致。以地理学科为例，学生就被要求学习法国的相关地理知识，例如法国的城市与河流，而不是本国的地理知识，这就导致该国学生对本国的地理知识所知甚少。尽管法国殖民者的语言同化政策是这段时期的主要政策，但是法国殖民当局在对待马达加斯加语的地位问题上却未能达成一致。有人认为所有的教育都应该用法语进行，而另一部分人则认为应该为马达加斯加语保留一席之地。1916 年至 1929 年，马达加斯加语就被完全排除在国家正式的学校教学之外。而在其他时期，马达加斯加语的教学却能够予以保留。

三、国家独立后的语言政策(1960 年至今)

1960 年 6 月 26 日，马达加斯加宣布脱离法国的殖民统治，正式获得民族解放和国家独立。在获得国家独立后几十年的时间里，马达加斯加政府在究竟是选择法语还是马达加斯加语作为主要教学媒介语的问题上举棋不定，1960 年至 2008 年，该国语言政策中关于主要教学媒介语的规定就变更了三次。这种频繁变动的语言政策导致该国很大一部分人口在两种语言的切换中无所适从，不能使用包括母语在内的任何一种语言进行准确的口语和书面表达。

在国家独立后颁布的新宪法中，马达加斯加政府宣布马达加斯加语和法语均为该国的官方语言，但法语仍然处于强势地位。在马尔加什共和国(亦称第一共和国)期间(1960—1972)，政府基本上沿用了法国殖民统治时期的语言政策，法语仍然是该国的主要教学媒介语。六年级以上的所有课程都用法语进行讲授。但是，关于本国历史、地理和政治等内容的教学却重新获得重视，这是法国殖民统治时期一个重大的变化。

1972 年 5 月，马达加斯加国内大学生策划了社会主义起义，其主要诉求之一就是要在国家教育体系中重新恢复马达加斯加的文化与语言。起义后成立的过渡政府决定恢复马达加斯加语作为教学媒介语的重要地位，并且在更高年级的毕业考试中也要求使用马达加斯加语进行作答。1975 年，马达加斯加民主共和国(第二共和国)成立，新宪法得以颁布。根据新宪法，马达加斯加语被确立为整个小学和中学阶段的教学媒介语。在这一时期，虽然马达加斯加语被重新确立为中小学的主要教学媒介语，但是这一阶段的语言政策并未取得理想的效果，学生的马达加斯加语和法语整体水平均呈下降趋势。由于缺少足够的资金和人员，教学活动受到很大影响。学生使用的教材质量得不到保证，教师得不到应有的培训，学校管理也不够规范。

1992 年，马达加斯加第三共和国成立。新宪法第四条明确规定马达加斯加语是该国的民族语言，但是宪法中未对法语等其他语言的地位作出明确的界定。然而，事实上，从第三共和国成立伊始，马达加斯加的语言政策就呈现出明显的回归法语的趋势。在这一时期，马达加斯加的公立学校只是在学校教育的前两年使用马达加斯加语作为教学媒介语。从第三年开始，法语就渐渐成为小学阶段的教学媒介语，诸如算术、地理以及通用知识等科学类课程都是使用法语讲授，而像历史、道德、美学等社会类课程还是用马达加斯加语讲授。从初中开始一直到大学阶段，法语都是唯一的教学媒介语，而马达加斯加语只是被当作一门课程来对待。

2008年，马达加斯加政府对国家的教育政策进行了大刀阔斧的改革，其中也涉及对该国语言政策的调整。政府认为从殖民时期开始，该国的语言政策一直把绝大多数人口排除在经济发展之外，因此必须对此进行调整。2008年伊始，马达加斯加教育部就开始在全国范围内推行新的语言政策：在小学教育的全部七年时间里，马达加斯加语被确定为全国范围内的教学媒介语，法语和英语被当作外语来对待。在整个中学以及大学阶段，法语则成为学校的教学媒介语。语言政策调整的一个重要目标之一就是要保证所有的孩子都有平等接受教育的机会。

第二节 马达加斯加语言政策实施的困境与挑战

对于后殖民时期的非洲国家来说，语言政策的核心问题是语言“国际化”与“本土化”的争论问题，这种争论已经持续了超过50年的时间。语言的“国际化”一般是指采用一种国际通用语言或强势语言作为国家的官方语言，比如采用非洲国家的前殖民语言(如英语、法语等)；“本土化”是指恢复和采用非洲的本土语言作为国家的官方语言，比如在马达加斯加选择马达加斯加语作为官方语言。从身份认同的视角来看，语言具有维护民族认同、促进国家团结的积极作用。对于刚刚获得独立的非洲国家来说，国内民族主义情绪高涨，官方语言选择本土语言，是他们摆脱殖民统治、实现国家独立和民族解放的重要标志性事件之一。“同一个民族、同一种语言、同一个国家”是后殖民时期非洲政治家们规划的理想状态。但是这种理想状态在非洲却很难实现，对于有着多种民族语言的非洲国家来说，必须要面对多种民族语言的选择问题。而对于马达加斯加这样只有一种民族语言的单语国家来说，国家的语言政策也远未能达到其理想的效果。具体来看，马达加斯加政府在实施语言政策的过程中，主要遇到了以下几方面的困境和挑战。

第一，对母语教育缺乏自信。马达加斯加是世界上最不发达的国家之一，政府和普通民众对母语均缺乏自信，马达加斯加的学生几乎都面临着缩减型双语(subtractive bilingualism)的困境。缩减型双语是相对于添加型双语(addictive bilingualism)而言的，添加型双语指的是增加了一门第二语言不会导致对第一语言的取代和替代，这也就是说学习第二语言的目的不是取代第一语言和母语。而在缩减型双语情景里，第二语言是所在国或所在地的多数人的语言或母语，而第一语言则往往是殖民语言或是外来移民的语言，他们对自己的母语是自卑的，他们中的大多数人认为母语是他们在所在国正常生活的障碍，是他们融入主流社会的消极因素。① 历届马达加斯加政府对本土语言和本土文化的重视不够，国民普遍认为马达加斯加语是劣等语言，远不能和殖民语言法语相比，法语在国家的科技领域以及高等教育阶段有着明显的优势。大部分学生家长甚至认为其母语是学生学习其他语言，发展语言能力的障碍之一。因此，只要条件允许，家长争先将子女送到私立的法语学校，接受“浸润式”的法语教育。但是这种忽视母语学习，过分强调外来语言的做法，却明显违背了语言学习的规律。儿童在母语学习尚未定型，认知能力尚未成熟的情况下转而学习外来语，不仅无法习得新知识，而且通过母语获取的知识也会逐渐生疏，最后全部遗忘。在这样的情况下，学生的母语水平和法语水平都难以得到有效保障。此外，该做法还极易影响学生的认知学术语言能力(cognitive academic language proficiency)，进而影响学生的学业表现。在马达加斯加，学生的复读率和失学率常年居高不下，只有少部分学生能够进入高等学府接受高等教育。

第二，法语作为教学媒介语面临困境。对于大多数马达加斯加人来说，法语既非学生的家庭语言，也非社区语言，加上公立学校教师的法语水平十分有限，因此，在使用法语进行课堂教学时，教师无论在教学方法

① 袁平华，俞理明．加拿大双语教育与中国双语教学的可比性[J]．中国大学教学，2005(11)：58.

还是在教学内容上都存在着较多的限制和制约。首先，在教学方法上，由于法语并非学生的母语，教师在教学方法上创新空间不大，基本上还是沿用传统的方法进行教学，强调模仿、记忆和重复的作用，学生更多的还是机械地记录和背诵教学内容，而不是在理解的基础上获取新的知识。在这样的情况下，学生的理解能力和创新思维很难得到有效训练和提升。其次，在教学内容上，在用法语教学的过程中，课本内容更多地还是和法国这个殖民国家的方方面面相关，各种课程的教学内容与马达加斯加的现实世界关联度不大。另外，法语教师的语言水平也亟须提升。相关机构开展了一次对马达加斯加小学教师的语言水平测试，测试结果显示：全国范围内只有 18.25%的小学教师具备足够的法语知识，能够使用法语进行课堂教学。① 教育的结果与教师的教学语言能力水平密切相关，因此在这样的师资水平条件下学生的学习效果是难以得到保障的。

第三，教学资源不足、教学条件匮乏。在马达加斯加独立后的很长一段时间里，国家范围内都缺少用马达加斯加语编写的教材。直到 1975 年，马达加斯加民主共和国成立以后，新政府才将工作的重心放在为小学生编写马达加斯加语的教材上。从 1976 年至 1989 年，政府一共编撰并印刷了大约 20 本此类教科书。但是，并不是所有的学校都能够获取这些教科书，部分偏远的小学由于分配问题就未能拿到这些书籍。在未能获得足够教科书的偏远小学，教师只能通过把教学内容写在黑板上，再让学生把内容抄录下来的方式进行教学，教学效率极为低下，学生的学业表现普遍较差。政府的能力也是有限的，政府只有能力编写小学阶段的马达加斯加语的教材，而对于编写中学阶段的马达加斯加语教材则无能为力。此外，全国范围内的教学条件也较为简陋，普遍缺少现代化的教学设施，部分学校甚至缺少基本的电力保障，教学条件十分匮乏。

---

① Øyvind Dahl. Linguistic Policy Challenges in Madagascar[M]//Christina Thornell, Karsten Legère. *North-South Contributions to African Languages*. Cologne: Rüdiger Köppe, 2011: 59.

第三节 语言经济学：马达加斯加语言政策分析的新视角

马达加斯加在获得国家独立后，其语言政策虽调整频繁，但仍需要进一步改进和提升。在考察了马达加斯加语言政策的历史沿革和面临的困境之后，本节借助语言政策与规划学中语言经济学的相关理论，深入分析了20世纪60年代马达加斯加在获得国家独立后，其本土语言在与殖民语言的竞争中未能充分得到国民认可的原因，并对其语言政策如何更好地服务国家社会经济发展提供建议和对策。

语言经济学是一门新兴的交叉学科，主要涉及经济学和语言学两大学科领域。一般来说，语言经济学最早可追溯到俄裔美籍经济学家 Jacob Marschak 于1965年在《行为科学》(*Behavioral Science*)发表的题为“语言经济学”(*The Economics of Language*)的论文。但从现在来看，该论文中提及的语言经济学仅仅是一种朴素的思想，缺乏理论和案例的支撑。学术界最早对语言经济学给出明确定义的则是瑞士经济学家格林(Grin)。格林对语言经济学做了如下定义：“语言经济学是一种理论经济学范式，它运用经济学的概念和手段研究语言变量之间的关系，他主要关注那些涉及经济变量的关系，当然也关注其他的方面。”①该定义也得到了学术界的广泛认可。经过数十年的发展，语言经济学的研究对象和研究范畴也不断丰富和变化，其内涵和外延也不断扩大，形成更为广义的语言经济学，既从经济学角度研究语言问题，又立足语言问题研究经济。②

笔者认为，语言政策与规划的经济学分析可以按照以下思路进行：语言是一种商品，商品是有价值的，要对商品进行合理的定价，个人语言能

---

① Grin. Economic Approaches to Language and Language Planning: An Introduction [J]. *International Journal of the Sociology of Language*, 1996(121): 2.

② 张卫国，刘国辉．中国语言经济学研究述略[J]．语言教学与研究，2012(6): 103.

力的高低直接影响其经济收入水平。此外，还需要对语言这种商品进行相应的宣传和推广。语言学家库珀就曾提出将语言视为商品后应注意的四个环节，既“生产正确的商品，然后进行恰当的宣传推广，并投放在正确的场所，定下合理的价格”。① 库珀认为：“语言规划者必须能识别、确定或设计商品，使之对潜在的消费者有吸引力。这些商品应基于受众目标消费者的需求来确定。宣传推广则是要改变沟通方式，例如语言使用也就是要努力让潜在的使用者接受它，无论这种接受是有意识的、肯定性的，还是由于精通或是出于使用习惯。场所则是指提供足够的渠道以实现推销以及回应，也就是有动机购买商品的人必须知道在哪里可以买到它。而价格则是一件商品对消费者是否有吸引力的决定性因素。”②

库珀的理论框架非常适用于马达加斯加的语言状况。由于马达加斯加是单语制国家，马达加斯加语是唯一的民族语言，因此该国语言政策的制定者在商品的生产和场所的投放这两个问题上是非常明确的：生产的商品即为该国的本土语言马达加斯加语，场所的投放则是指全国范围内提供语言教育的公立学校。因此，特别需要引起重视的是语言的价值确定以及宣传和推广这两个问题。在语言的价值方面，最核心的问题是当马达加斯加语这门本土语言在学校被当作教学媒介语进行教学时，能否保证让学生获得和法语教学一样的现实收益。具体而言，此类现实收益包括以下几方面内容：能否保证本土语言有着较好的市场需求？能否保证本土语言的使用者能够向上层社会流动？能否保证本土语言的使用者能够在就业市场上有着较大的优势？能否保证本土语言的使用者能够有更好的生活？从目前的情况来看，对于以上问题的回答都是否定的。尽管国家摆脱法国殖民统治，赢得国家独立和民族解放已超过 60 年时间，但是从社会现实情况来看，马达加斯加的精英阶层仍然有着在工作中使用法语的传统，部分精英家庭甚至在家庭内部交流中也使用法语，法语仍然是社会流动的主要工具

① Cooper R L. *Language Planning and Social Change*[M]. Cambridge: Cambridge University Press, 1989: 72.

② Ibid.

性语言。生活富裕的家庭都争相把孩子送去私立法语学校读书。精英阶层的孩子们也都在法国或其他国家的大学接受高等教育。普通家庭的家长也希望他们的孩子也能获得同样的平等机会。在就业市场上，在几乎所有的招聘要求中都会明确提到：“出色的法语口头和书面表达者优先考虑。”这就意味着掌握了法语就有着更高的个人收入。因此，学生家长们为了孩子未来就业竞争力的考虑，都希望自己孩子能熟练掌握法语，未来能找到一份高薪工作。在这一点上，有学者指出，如果本土语言在广阔的社会、政治、经济环境中没有声望，那么人们就不会愿意用他们的本土语言接受教育。①

在本土语言的宣传和推广方面，马达加斯加的语言政策制定部门的做法也可进一步优化。马达加斯加语言政策的制定者都是国家的精英阶层。这部分精英阶层大多在法国接受了高等教育，高度认同法国的语言和文化，其经济状况也明显优于非精英群体。从个人利益的角度来说，学习和使用法语是精英阶层保持其特权地位的重要方式。在马达加斯加，精英阶层在语言的使用上是分离的：在精英和统治阶层内部均使用法语交流；而他们在与普通民众交流时，则使用本土语言马达加斯加语。在国家独立后，这些高度认同法国语言和文化的精英阶层成为语言政策的制定者。从本质上说，精英阶层在宣传和推广本土语言方面是被动的，是不情愿的，根本原因就在于对本土语言的宣传与推广是与其既得利益相违背的。他们在政策层面要提高本土语言在国家语言政策中的地位，但是在现实生活中却仍然坚持把子女送到法语私立学校接受法语教育，通过这种方式将接受本土语言教育的群体排除在精英圈之外。马达加斯加语虽然成为国家的官方语言，但是由于占据国家统治地位的精英阶层的封闭性，马达加斯加语在国家范围内宣传和推广本土语言存在很大障碍，广大国民仍然相信法语对于提升其政治、经济水平，实现阶层跨越的积极作用。

① Eastman C. Language Planning in Post-apartheid South Africa [J]. *TESOL Quarterly*, 1990, 24(1): 9-22.

在结束法国的殖民统治，获得民族解放和国家独立后的几十年时间里，法语仍然在马达加斯加的语言市场上处于强势地位，具有很高的社会经济价值。与本土语言相比，大多数民众相信只有通过法语学习才能够给他们带来更多的收益，才能够帮助他们实现社会经济地位的提升。对于马达加斯加语这门本土语言来说，要实现该语言地位的提升，也必须按照语言经济学的逻辑进行分析和考查。按照语言经济学中将语言视为商品的观点，马达加斯加语这种商品如果要在语言市场上获得更多语言消费者的青睐，关键就是要赋予该语言在语言市场上更高的社会经济价值。具体而言，马达加斯加语也必须要和法语一样，能够被广泛地运用到政治、就业市场、高等教育等高层领域，这样才能改变马达加斯加语低人一等的刻板印象，才能让人们相信投资本土语言是有价值的，是能够产生经济回报的。也只有这样，马达加斯加的本土语言才能真正得到发展，国家的整体教育水平才能得到提升，从而进一步推动经济的发展和社会的进步。

第四节 马达加斯加的语言政策实践对我国的启示

对马达加斯加语言政策的全方位考察有助于进一步推进对我国语言政策的反思，对我国在语言政策的制定和实施过程中起到提醒和启示作用。这主要体现在以下几个方面：

第一，毫不动摇地坚持母语教育在语言教育中的关键作用。马达加斯加语言政策的一条重要教训就是其母语教育的不成功。在马达加斯加获得国家独立后的很长一段时间内，学生在还未学好母语之前就转而学习殖民语言法语，使得学生的母语水平和法语水平都不能得到保障。母语教育是学生获取基本知识，提升认知能力的基本保障，是增强民族和国家认同的重要手段，是保证社会公平的有效途径。在我国教育的不同阶段，母语（国家通用语）都应该是我国教育体系中最重要的教学语言，而且应该不断加大国家通用语言在全国范围内的推广和普及力度。国家通用语言的推广对于维护国家统一、铸牢中华民族共同体意识、促进不同地区人员的交流与互动，以及帮助形成一个统一的商品市场具有积极的推动作用。同时，国家通用语言的推广也给不同地区的民族提供了平等的学习和就业机会。

第二，树立语言的商品和资本意识，提高国民的整体语言能力。根据语言经济学的观点，语言是一种商品，是一种人力资本。马达加斯加的国民不愿意学习其本土语言的重要原因就是因为其本土语言不具备法语所拥有的经济价值，不能给他们带来经济收入的增加和社会地位的提升。从语言资本的角度来看，个人语言能力的提升可以增加个体的人力资本，从而使其在职业发展和社会经济生活中获取更大的收益。因而增强国民的语言资本观念，对其进行终身语言教育至关重要。① 因此，我国在进行语言政策和规划时必须要保证相关语言的经济价值。首先，在国家通用语方面，要进一步挖掘其在具体领域的应用能力，如乡村振兴、应急语言服务、语言与健康产业等。其次，在外语方面，需要进一步加大对外交往的力度，不断提升国家的国际化水平。这样才能保证外语学习的市场需要，引导公民不断提升其外语水平，提升国民的整体外语能力。特别值得一提的是，新时期国家要特别注重高层次外语人才的培养，彻底改变“小才拥挤、大才难觅”②的外语人才层次现状，不断提升我国参与国际事务的整体水平和质量。

第三，合理布局语言资源，宏观规划小语种教育，服务国家政治经济战略。语言是一种资源，这点不仅体现在本土语言当中，也体现在外语资源上。在不同的历史时期，国家战略层面对外语的需求是不一样的，外语语种在不同的历史阶段也有着不同的经济价值。在新中国成立之后，我国在外交上采取“一边倒”战略，加入了以苏联为首的社会主义阵营，因此，俄语对国家政治经济、科技文化方方面面都有着深远的影响。改革开放以后，中国积极融入世界大家庭，英语这门全球通用语的重要性不断攀升，

---

① 傅慧敏，洪爱英．语言经济学视域下的语言竞争与语言规划[J]．东北师大学报(哲学社会科学版)，2020(2)：81.

② 沈骑．一带一路倡议下国家外语能力建设的战略转型[J]．云南师范大学学报(哲学社会科学版)，2015(5)：12.

"英语热"持续了很长一段时间。2013 年，国家提出"一带一路"倡议之后，"一带一路"沿线国家的语言又成为大家关注的焦点。随着"一带一路"建设的开展，中国各大语言类高校纷纷增设"一带一路"沿线国家小语种专业。以我国外语界最高学府北京外国语大学为例，自"一带一路"倡议提出后，北京外国语大学的外语语种数扩大了两倍，基本形成了"一带一路"沿线非通用语种群布局，其外语语种数量目前已超过 100 种。① "一带一路"倡议的提出，对我国外语语种的规划和布局提出了新的要求，也给我国的外语教育带来了新的机遇。总之，国家在外语语种的储备上一定要与时俱进，必须与国家的战略需求保持一致。

① 侯晓玮，李立．"一带一路"建设背景下江西省关键外语探讨及高校应对策略研究[J]．南昌师范学院学报，2021(4)：100.

总　结

“一带一路”倡议从提出到现在已历经整整十年的时间，为高校的专业发展带来了新的机遇，也对高校的专业建设提出了新的要求。在过去十年的时间里，全国各高校都积极响应该倡议，并以此为契机，积极对接“一带一路”沿线国家的各类需求，纷纷开设对接“一带一路”沿线国家重大需求的各类专业。对于高校外语专业来说，积极开设“一带一路”沿线国家的语种专业，培养“一带一路”建设推进落实过程中需要的大量“外语+专业技能”的“国别通”人才，不断推进与“一带一路”沿线国家的人文交流，为国家的“一带一路”建设提供重要的语言服务和知识支撑。对于江西高校的外语教育来说，应积极利用区域国别学成为一级学科的契机，从区域国别学的视角出发，不断加强外语专业的学科建设、课程建设、师资队伍建设以及区域国别中心的建设，为江西参与“一带一路”建设提供强有力的人才保障和知识储备。

一、服务“一带一路”建设的外语学科专业建设

“一带一路”建设给高校外语专业建设带来了新的机遇。但是与国内其他省份高校相比，江西高校在对接“一带一路”倡议的专业建设上还存在着短板和不足。通过对比江西省服务“一带一路”建设所需要的7种关键外语以及江西高校目前开设的外语语种情况发现，目前江西高校开设的外语语种数量难以满足江西“一带一路”建设的需要。在7种关键外语中，江西高校只开设了英语、俄语、法语和德语4种外语，马来语/印尼语、柬埔寨语和阿拉伯语这3种外语在省内还未有高校开设。虽然江西地处内地，不靠

海、不沿边，境内也不存在跨境语言，但是服务“一带一路”建设的关键语种的缺失却非常不利于江西“一带一路”倡议的实施。笔者建议，在师资条件有限的情况下，应从区域发展的视角，优先开展马来语/印尼语和阿拉伯语这两种区域通用语的建设。马来语/印尼语是东盟地区的区域通用语，而东盟又是江西最大的贸易伙伴。因此，加强马来语/印尼语的专业建设，有助于江西省进一步加强与东盟地区的贸易往来、人文交流、教育合作，从而进一步巩固江西与东盟的伙伴关系。阿拉伯语是西亚北非地区的通用语言，是所有阿拉伯国家的民族语言和官方语言，在世界语言版图上占有重要地位。我国一直以来就与阿拉伯世界有着传统的友好往来。随着2022年底首届中国—阿拉伯国家峰会的召开，中阿关系进入了一个全新的发展阶段。近年来，江西也加大了与阿拉伯国家的交往力度，随着“一带一路”倡议的推进，江西与阿拉伯国家的经贸往来日益紧密，以百路佳汽车为代表的江西企业加大了与阿拉伯国家的对接，对阿拉伯语人才的需求也不断加大。

在“一带一路”背景下的外语学科建设上，江西高校也需要补齐短板，迎难而上。目前，江西高校的外语学科建设与周边省份还有较大差距。最显著的特征就是学科高度不够，江西迄今为止还没有一所高校建有外语专业的博士点。在已有的硕士学科点建设中，也只有英语、日语和德语三个语种拥有硕士学位授权点，其他语种在全省范围内均无硕士点。江西外语学科在建设高度上(博士点)以及广度上(语言的覆盖面)上均需不断加强，这样才能为江西培养出高层次的本土外语人才，才能更好地服务江西高水平的“一带一路”建设。

二、服务“一带一路”建设的外语人才培养

目前，江西高校外语人才培养模式主要有以下四种：第一，以单一语言技能培养为主的培养模式，此类模式以小语种专业居多；第二，“英语+教育”的英语师范生人才培养模式，师范类高校普遍采用该模式进行外语人才培养；第三，“英语+第二外语”的复语人才培养模式；第四，“英语+

国际贸易/商务”的复合型外语人才培养模式，采取该培养模式的主要是省内理工类大学和财经类大学。从整体上看，省内高校外语人才培养还是以语言技能训练和“英语+”的复合型人才培养模式为主，很少有高校从区域国别学的视角来进行外语人才培养。其实，早在2013年，国别与区域研究就被列为外国语言文学一级学科下的五大方向之一，但未引起江西高校的足够重视。直到2022年，区域国别学被列为交叉学科门类下的一级学科，才逐渐引起江西高校外语界的关注。

“一带一路”建设是一项复杂的系统工程，需要各类型、各层次、各领域人才协同发挥作用，形成定位清晰、结构合理的战略人才力量。因此，在服务“一带一路”建设的外语人才培养中，要特别关注不同梯队的外语人才培养，既要培养能够掌握一门专业技能和基本外语交际能力的应用型人才，也要培养高层次的外语人才。合格的高层次外语人才不仅要掌握“一带一路”对象国的语言，还要精通某个具体的领域(如经济、政治、法律等)。此外，还要较好掌握对象国的政治、经济、文化、宗教、习俗等各方面的知识，而这与区域国别学对人才培养的方向完全契合。因此，江西不同类型、不同层次的高校应立足自身办学定位和办学特色，准确定位本校外语人才的培养目标和规格，在全省范围内形成错位发展、互为补充、特色鲜明的外语人才培养格局。从目前情况来看，当前江西高校能够培养出较为合格的应用型人才，但是在高层次人才的培养上还存在不足和短板。高层次外语人才培养在课程设置、师资储备等方面还不能满足服务“一带一路”建设对高层次外语人才培养的需要。但是，令人欣喜的是，江西部分高校已认识到这方面的不足，江西师范大学外国语学院和国际教育学院从2022年开始就着手进行区域国别研究方向的师资储备。随着越来越多的区域国别研究方向的教师进入外语专业教师的队伍中，江西外语专业的人才培养、课程建设也会逐步体现出区域国别学特色，而这又将更好地服务于江西的“一带一路”建设。

三、服务“一带一路”建设的区域国别研究

为更好地推动江西“一带一路”建设，还需要进一步加强对“一带一路”

沿线区域与国家的研究，通过高水平的研究成果为“一带一路”建设提供知识储备和知识供给，从而更好地支撑和服务江西的“一带一路”建设。要做好高水平的研究服务需要从以下两方面入手：第一，加强区域国别研究中心的建设工作。教育部从2012年开始启动国别与区域研究培育基地建设工作，经过多年的建设，基本实现了国别区域研究基地“全覆盖”。江西的国别与区域研究的相关工作起步较晚，目前共4所高校获批了教育部国别与区域研究中心备案，分别涉及新加坡、柬埔寨、马达加斯加、巴基斯坦四个国家。为了更好地推动江西的“一带一路”建设，还需进一步加强与江西联系紧密的“一带一路”沿线国家的国情研究，尤其是江西“一带一路”三大战略沿线上的重要区域和国家的国情、语情和民情研究，譬如作为江西第一大贸易伙伴的东盟国家以及俄罗斯、中亚、中东欧、非洲等新兴市场国家。在研究领域上，要覆盖以上国家政治、经济、文化、教育、语言政策等多方面的内容。第二，加强区域与国别研究队伍建设。有学者指出：“国别和区域研究以精通对象国和地区语言为基础，以当地语言书写的一手文献为源头，以长期深入实地的调查研究为核心，系统地研究对象国和地区的总体特征，进而预测其未来的发展动向。”①高水平的研究团队是高水平研究成果的前提和重要保证。从目前江西各高校的区域国别中心的研究团队来看，主要存在两个问题：一是专职人员较少，一般都是从不同的学院抽调的兼职研究人员。二是研究人员的研究能力有待加强。目前的研究人员多是研究政治学、经济学、教育学、历史学等学科背景的高校教师或研究人员，缺乏区域国别学的理论基础和研究视角。大多数研究人员不了解研究对象国的语言，难以使用研究对象国的一手资料从事学术研究，其研究资料往往都来源于欧美学者的二手资料，因此研究成果的时效性和可信度均有待提升。

① 罗林，邵玉琢．“一带一路”视域下国别和区域研究的大国学科体系建构[J]．新疆师范大学学报(哲学社会科学)，2018(6)：80.

服务“一带一路”建设，外语学科大有可为。而区域国别学则是外语学科服务“一带一路”建设的全新视角和路径。在区域国别学进入新的发展阶段后，其必将能更加有力地推动外语学科的转型，从而为“一带一路”建设提供有力的支撑和服务。

参考文献

一、英文著作

[1] Ager D. *Motivation in Language Planning and Language Policy* [M]. Clevedon: Multilingual Matters, 2001.

[2] Baker C. *Foundations of Bilingual Education and Bilingualism* (*4th Edition*) [M]. Clevedon: Multilingual Matters, 2006.

[3] Braj B Kachru. *Asian Englishes: Beyond the Canon* [M]. Hong Kong: Hong Kong University Press, 2005: 106.

[4] Cooper R. *Language Planning and Social Change* [M]. Cambridge: Cambridge University Press, 1989.

[5] Council of Europe. *Common European Framework of Reference for Language Learning, Teaching and Assessment* [M]. Cambridge: Cambridge University Press, 1997.

[6] Crawford J. *A War with Diversity: US Language Polity in the Age of Anxiety* [M]. Clevedon: Multilingual Matters Ltd., 2000.

[7] Fishman J A, Ferguson C A, Das Gupta J. *Language Problems of Developing Nations* [M]. New York: John Wiley & Sons, Inc., 1968.

[8] Glynn William. *Sustaining Language Diversity in Europe: Evidence from the Euromosanic Project* [M]. London: Palgrave Macmillan, 2005.

[9] Grin F. *Language Policy Evaluation and the Europe Charter for Regional and Minority Languages* [M]. New York: Palgrave Macmillan, 2003.

[10] Cobarrubias J, Fishman J. A *Progress in Language Planning*[M].Berlin:De Gruyter Mouton,1983.

[11] Kaplan R B, Baldauf Jr R B. *Language and Language-in-Education Planning in the Pacific Basin*[M].Dordrech:Kluwer Academic,2003.

[12] Kaplan R B, Baldauf Jr R B. *Language Planning: From Practice to Theory*[M].Clevedon:Multilingual Matters,1997.

[13] Kirpatrick Andy. *English as a Lingua Franca in ASEAN: A Multilingual Method* [M].Hong Kong:Hong Kong University Press,2010.

[14] Kirpatrick A. *English as a Lingua Franca in ASEAN: A Multilingual Method* [M].Hong Kong:Hong Kong University Press,2010.

[15] Nkonko M Kamwangamalu. *Language Policy and Economics:The Language Question in Africa*[M].London:Palgrave Macmillan,2016.

[16] Øyvind Dahl. Linguistic Policy Challenges in Madagascar [C]//Christina Thornell, Karsten Legère. *North-South Contributions to African languages*. Cologne:Rüdiger Köppe,2011.

[17] Ricento Thomas. *An Introduction to Language Policy: Theory and Method*[M].Oxford:Blackwell,2006.

[18] Richard L Greech. *Law and Language in European Union:The Paradox of the Bable: "United in Diversity"* [M]. Cambridge: Cambridge University Press,2006.

[19] Robert B Kaplan, Baldauf Jr R B. Language-in-education Policy and Planning [C]//Hinkel E. *Handbook of Research in Second Language Teaching and Learning*. Mahwah, NJ, USA: Lawrence Erlbaum Associates, 2005.

[20] Rubin J, Jernudd B H. *Can Language Be Planned? Sociolinguistic Theory and Practice for Developing Nations* [M]. Honolulu: University of Hawaii Press,1971.

[21] Whiteley W H. *Language in Kenya*[M]. Nairobi: Oxford University Press, 1974.

二、英文期刊、论文集、报告

[1] Ager D. Prestige and Image Planning[A]. In E Hinkel (Ed.), Handbook of Research in Second Language Teaching and Learning[C].Mahwah:Lawrence Erlbaum Associates,2005.

[2] Agnes W. Kibui, Language Policy in Kenya and the New Constitution for Vision 2030[J].*International Journal of Educational Science and Research*, 2014,4(15).

[3] Ansre G. Four Rationalizations for Maintaining European Languages in Africa[J].*African Languages*, 1979,5/2:10-17.

[4] Banda F, Bellononjengele B O. Style, Repertoire, and Identities in Zambian Multilingual Discourses[J].*Journal of Multicultural Discourses*, 5(2):107-119.

[5] Eastman C. Language Planning in Post-apartheid South Africa[J].*TESOL Quarterly*,1990,24(1):9-22.

[6] *Educational Reforms: Proposals and Recommendations*[R].GRZ Ministry of Education,1977.

[7] Edwards. National Language Policies: Pragmatism, Process and Products[J]. *The NECTFL Review*,2008/2009,63:2-42.

[8] *Ethnologue Report for Indonesia*[R].Summer Institute of Linguistics,2001.

[9] European Centre for Modern Languages. *Valuing All Languages in Euro*[R]. Council of Europe,2007.

[10] *Europeans and Their Languages*[R].European Commission Report,2012.

[11] Grin F. Language Planning and Economics[J]. *Current Issues in Language Planning*,2003,4(1):1-66.

[12] Grin F. Language Planning as Diversity Management: Some Analytical Principles[J].*Plurilingua*,1999(21):141-156.

[13] Grin F. Economic Approaches to Language and Language Planning: An

Introduction[J] *International Journal of the Sociology of Language*, 1996 (121) :2.

[14] Harmann H. Language Planning in the Light of a General Theory of Language: A Methodological Framework [J] . *International Journal of the Sociology of Language*, 1990, 86 (1) : 103-126.

[15] Haugen E. *Linguistics and Language Planning* [A]. In W. Bright (Ed.) , Sociolinguistics: Proceedings of the UCLA Sociolinguistics Conference [C]. The Hague: Mouton, 1966: 50-71.

[16] Haugen E. Planning for a Standard Language in Modern Norway [J]. *Anthropological Linguistics*, 1959, 1 (3) : 8-21.

[17] Haugen E. *Linguistics and Language Planning* [A]. In W. Bright (Ed.) , Sociolinguistics: Proceedings of the UCLA Sociolinguistics Conference [C]. The Hague: Mouton, 1966: 50-71.

[18] Jackson Malone. Building the Foreign Language Capacity We Need: Toward a Comprehensive Strategy for a National Language Framework [Z]. Manuscript, 2009.

[19] Kelly M. Recent Developments in EU Language Policy [J]. *European Journal of Language Policy*, 2014, 6(1): 121.

[20] Kelly Miehaeletal. *European Profile of Language Teacher Education: A Frame of Reference* [R]. Southhampton: University of Southhampton, 2004.

[21] Kloss H. *Research Possibilities on Group Bilingualism: A Report* [R]. Quebec: International Center for Research on Bilingualism, 1969.

[22] Nahir M. Language Planning Goals: A Classification [J]. *Language Problems and Language Planning*, 1984 (3).

[23] GRZ Ministry of Education. *Our Future: National Policy on Education* [R]. Lusaka: ZEPH, 1977.

[24] Republic of Kenya. *The Constitution of Kenya* [Z]. Nairobi: Government Printers, 2010.

[25] Ricento T. Historical and Theoretical Perspectives in Language Policy and Planning[J]. *Journal of Socio-linguistics*, 2000, 4(2): 196-213.
[26] Simon P. The US Crisis in Foreign Language [J]. *Annals of the American Academy of Political and Social Science*, 1980(449): 31-44.
[27] Tauli V. Introduction to a Theory of Language Planning[J]. *Dialects*, 1968(6): 227.
[28] Wesche M. Teaching Languages and Culture Signapost-9/11 World[J]. *The Modern Language Journal*, 2004(88): 278-285.

三、中文著作

[1][韩]吴锡泓，金荣枰. 政策学的主要理论[M]. 金东日，译. 上海：复旦大学出版社，2005.
[2][美]戴维·约翰逊. 语言政策[M]. 方小兵，译. 北京：外语教学与研究出版社，2016.
[3][美]罗伯特·卡普兰，等. 太平洋地区的语言规划和语言教育规划[M]. 梁道华，译. 北京：外语教学与研究出版社，2014.
[4][美]詹姆斯·托尔夫森. 语言教育政策：关键问题(第二版)[M]. 北京：外语教学与研究出版社，2018.
[5][瑞士]弗朗索瓦·格兰. 语言政策评估与欧洲区域或小族语言宪章[M]. 何山华，译. 北京：外语教学与研究出版社，2020.
[6][匈]米克洛什·孔特劳，等. 语言：权利和资源——有关语言人权的研究[M]. 李君，满文静，译. 北京：外语教学与研究出版社，2014.
[7][以]艾拉娜·肖哈米. 语言政策：隐意图与新方法[M]. 尹小荣，译. 北京：外语教学与研究出版社，2018.
[8][以]博纳德·斯波斯基. 语言政策：社会语言学中的重要论题[M]. 张治国，译. 北京：商务印书馆，2011.
[9][以]博纳德·斯波斯基. 语言管理[M]. 张治国，译. 北京：商务印书馆，2016.

[10][英]丹尼斯·埃杰. 语言规划与语言政策的驱动过程[M]. 吴志杰, 译. 北京：外语教学与研究出版社，2012.
[11][英]吉布森·弗格森. 语言规划与语言教育[M]. 张天伟，译. 北京：外语教学与研究出版社，2018.
[12][英]苏·赖特. 语言政策与语言规划——从民族主义到全球化[M]. 陈新仁，译. 北京：商务印书馆，2012.
[13][英]约翰·约瑟夫. 语言与政治[M]. 林元彪，译. 北京：外语教学与研究出版社，2017.
[14]戴炳然，译. 欧洲共同体条约集[M]. 上海：复旦大学出版社，1993.
[15]蔡永良. 美国的语言教育与语言政策[M]. 上海：上海三联书店，2007.
[16]车春英. "一带一路"背景下外语专业跨文化交际教学与实践研究[M]. 北京：北京工业大学出版社，2019.
[17]陈美华. 面向"一带一路"建设的外语规划研究[M]. 北京：外语教学与研究出版社，2020.
[18]陈学飞. 教育政策学[M]. 北京：北京大学出版社，2015.
[19]陈章太. 语言规划的理论和实践[M]. 北京：北京语文出版社，2006.
[20]戴维·约翰逊. 语言政策[M]. 方小兵，译. 北京：外语教学与研究出版社，2016.
[21]丹尼斯·埃杰. 语言规划与语言政策[M]. 北京：外语教学与研究出版社，2012.
[22]丁维莉. 新媒体中的"一带一路"对外语言传播策略[M]. 天津：南开大学出版社，2022.
[23]付若岚，等. "一带一路"沿线国家汉语言文化传播趋势及变量分析[M]. 北京：商务印书馆，2022.
[24]郭树勇，等. 新编区域国别研究导论[M]. 北京：高等教育出版社，2019.
[25]韩荔华. "一带一路"中国旅游景区语言文字使用情况调查[M]. 北京：

社会科学文献出版社，2018.
[26]李亚林. “一带一路”中的语言与文化：首届“一带一路”语言与文化国际学术研讨会思想选粹[M]. 黑龙江：黑龙江大学出版，2017.
[27]李宇明，中国语言规划论[M]. 长春：东北师范大学出版社，2015.
[28]刘海涛. 语言规划和语言政策——从定义变迁看学科发展[A]. 陈章太. 语言规划的理论和实践[C]. 北京：北京语文出版社，2006.
[29]刘俊，傅荣. 欧洲语言学习、教学与评估共同参考框架[M]. 北京：外语教学与研究出版，2008.
[30]刘伟. “一带一路”故事：资金融通 助力经济融合(英文)[M]. 北京：外文出版社，2017.
[31]刘友法，张力军. “一带一路”语言攻略[M]. 北京：中共中央党校出版社，2022.
[32]罗伯特·卡普兰，小理查德·巴尔道夫. 太平洋地区的语言规划和语言教育规划[M]. 梁道华，译. 北京：外语教学与研究出版社，2014.
[33]孟臻，外语教育政策制定与实施研究[M]. 上海：复旦大学出版社，2012.
[34]曲辰. “一带一路”法语国家概况[M]. 上海：同济大学出版社，2021.
[35]沈骑. 当代东亚外语教育政策发展研究[M]. 北京：北京大学出版社，2012.
[36]宋红波. “一带一路”共建国家语言教育政策研究[M]. 武汉：武汉大学出版社，2020.
[37]孙晓萌. 语言与权力：殖民时期豪萨语在北尼日利亚的运用[M]. 北京：社会科学文献出版社，2014.
[38]田鹏. 集体认同视角下的欧盟语言政策研究[M]. 北京：北京大学出版社，2015.
[39]王辉，周玉忠. 语言规划与语言政策：理论与国别研究(续)[M]. 北京：中国社会科学出版社，2015.
[40]王辉. “一带一路”国家语言状况与语言政策 (第一卷)[M]. 北京：社

会科学文献出版，2015.
[41]王辉."一带一路"国家语言状况与语言政策(第二卷)[M]. 北京：社会科学文献出版，2017.
[42]王辉."一带一路"国家语言状况与语言政策(第三卷)[M]. 北京：社会科学文献出版，2019.
[43]王进安."一带一路"核心区语言与文化研究[M]. 福建：福建人民出版社，2018.
[44]谢倩. 外语教育政策国际比较研究[M]. 武汉：华中科技大学出版社，2014.
[45]邢欣，李影，张美涛，等. 媒体报道语言中的"一带一路"[M]. 天津：南开大学出版社，2020.
[46]邢欣，张美涛，宫媛，等. 服务"一带一路"的媒体报道语言热点[M]. 天津：南开大学出版社，2019.
[47]杨亦鸣，赵晓群."一带一路"沿线国家语言国情手册[M]. 北京：商务印书馆，2016.
[48]张捷."一带一路"背景下东盟国家语言政策研究[M]. 北京：北京交通大学出版社，2022.
[49]张莉. 服务于"一带一路"的语言规划构想：多元话语分析[M]. 北京：中国水利水电出版社，2018.
[50]张卫国. 语言的经济学分析：一个基本框架[M]. 北京：中国社会科学出版社，2016.
[51]张治国. 中美语言教育政策比较研究[M]. 北京：北京大学出版社，2012.
[52]赵蓉晖. 国家战略视角下的外语与外语政策[M]. 北京：北京大学出版社，2012.
[53]赵世举，黄楠津. 语言服务与"一带一路"[M]. 北京：社会科学文献出版社，2016.
[54]赵世举. 语言与国家[M]. 北京：商务印书馆，2015.

[55]郑通涛，方环海，陈荣岚．“一带一路”视角下的语言战略研究[M]．北京：世界图书出版公司，2017．
[56]邹一戈．当代美国语言教育政策发展研究[M]．上海：复旦大学出版社，2016．
[57]国务院学位委员会第六届学科评议组编．学位授予和人才培养一级学科简介[M]．北京：高等教育出版社，2013．

四、中文期刊

[1]蔡基刚．CEFR 对我国外语教学的影响[J]．中国大学教学，2012(6)．
[2]陈兵．东盟国家语言状况及广西的外语战略研究[J]．外国语，2021(1)．
[3]陈海燕．“一带一路”战略实施与新型国际化人才培养[J]．中国高教研究，2017(6)．
[4]戴曼纯，贺战茹．法国的语言政策与语言规划实践——由紧到松的政策变迁[J]．西安外国语大学学报，2010(3)．
[5]戴曼纯．以国家安全为导向的美国外语教育政策[J]．外语教学与研究，2012(4)．
[6]戴炜栋，王雪梅．对经济全球化背景下我国外语教育规划的再思考[J]．中国外语，2011(2)．
[7]戴炜栋．我国外语教育 70 年：传承与发展[J]．外语界，2019(4)．
[8]董晓波．基于“一带一路”的我国语言规划研究：内容与方法[J]．外语教学理论与实践，2020(1)．
[9]付慧敏，洪爱英．语言经济学视域下的语言竞争与语言规划[J]．东北师范大学学报(哲学社会科学版)，2020(2)．
[10]付妮．“一带一路”建设背景下面向东盟的语言服务能力提升研究[J]．广西社会科学，2022(10)．
[11]傅慧敏，洪爱英．语言经济学视域下的语言竞争与语言规划[J]．东北师大学报(哲学社会科学版)，2020(2)．

[12]傅荣，王克非．欧盟语言多元化政策及相关外语教育政策分析[J]．外语教学与研究，2008(1)．

[13]傅荣．论欧盟的语言多元化政策[J]．四川外语学院学报，2003(3)．

[14]侯晓玮，李立．“一带一路”建设背景下江西省关键外语探讨及高校应对策略研究[J]．南昌师范学院学报，2021(4)．

[15]胡文仲．关于我国外语教育规划的思考[J]．外语教学与研究，2011(1)．

[16]胡文仲．我国外语教育规划的得与失[J]．外语教学与研究，2001(4)．

[17]胡壮麟．中国外语教育六十年有感[J]．中国外语，2009(5)．

[18]胡壮麟．对中国外语教育改革的几点认识[J]．外语教学，2015(1)．

[19]江健．东南亚国家语言教育政策的发展特征及趋势[J]．比较教育研究，2011(9)．

[20]姜锋．浅谈区域国别人才培养和学科建设中的两个能力与三个基础[J]．当代外语研究，2022(6)．

[21]李德鹏．“一带一路”背景下的区域性语言服务——以云南省为例[J]．渤海大学学报(哲学社会科学版)，2016(1)．

[22]李宇明．领域语言规划试论[J]．华中师范大学学报(人文社会科学版)，2013(3)．

[23]李宇明．中国外语规划的若干思考[J]．外国语，2010(1)．

[24]骆凤娟．多样统一：欧盟语言教育多元化政策探析[J]．外国语中小学教育，2015(1)．

[25]屈廖健．“一带一路”倡议下我国国别和区域研究人才培养的实践探索与发展路径[J]．中国高教研究，2020(4)．

[26]沈骑，夏天．“一带一路”语言战略规划的基本问题[J]．新疆师范大学学报(哲学社会科学版)，2018(1)．

[27]沈骑．“一带一路”外语教育规划的四大任务[J]．当代外语研究，2019(1)．

[28]沈骑．建国60年以来我国外语教育政策研究综述[J]．江苏社会科学，

2009(S1).
[29]沈骑. 全球化背景下我国外语教育政策研究框架建构[J]. 外国语, 2011(1).
[30]沈骑. 外语教育政策研究的价值之维[J]. 外语教学, 2011(2).
[31]沈骑. 一带一路倡议下国家外语能力建设的战略转型[J]. 云南师范大学学报(哲学社会科学版), 2015(5).
[32]盛云岚. 欧洲 CLIL 模式: 外语教学法的新视角[J]. 山东外语教学, 2012(5).
[33]束定芳. 我国外语教育规划与布局的思考[J]. 外语教学与研究, 2013(3).
[34]王辉, 王亚蓝, 2016. "一带一路"沿线国家语言状况[J]. 语言战略研究, 2016(2).
[35]王辉, 夏金铃. 高校"一带一路"非通用语人才培养与市场需求调查研究[J]. 外语电化教学, 2019(1).
[36]王辉. 高校"一带一路"非通用语人才培养与市场需求调查研究[J]. 外语电化教学, 2019(1).
[37]王克非. 外语教育政策与社会经济发展[J]. 外语界, 2011(1).
[38]王立非. "一带一路"对外贸易中的语言服务便利度测量实证研究[J]. 语言文字应用, 2020(2).
[39]王雪梅. "一带一路"背景下我国高校非通用语专业建设: 现状、问题与对策[J]. 外语电化教学, 2017(2).
[40]王正胜.《欧洲语言共同参考框架: 学习、教学、评估(二)》解读[J]. 外语测试与教学, 2019(3).
[41]魏日宁. 欧洲双语教育新进展及其可比性分析[J]. 世界教育信息, 2010(3).
[42]文秋芳. "一带一路"语言人才的培养[J]. 语言战略研究, 2016(2).
[43]肖华锋, 卢婷. 从"外语通"到"外国通"——关于我国外语人才培养战略转型的思考[J]. 当代外语研究, 2019(5).

[44]谢倩. 东盟语言政策新态势及其对广西多语教育的影响[J]. 中国—东盟研究, 2020(1).
[45]谢倩. 欧洲学校外语教育发展评述[J]. 宁波大学学报(教育科学版), 2010(2).
[46]邢欣, 邓新. "一带一路"核心区语言战略构建[J]. 双语教育研究, 2016(1).
[47]余江英. 试论"一带一路"背景下的云南关键语言选择[J]. 吉首大学学报(社会科学版), 2016(2).
[48]袁平华, 俞理明. 加拿大双语教育与中国双语教学的可比性[J]. 中国大学教学, 2005(11).
[49]张日培. 服务于"一带一路"的语言规划构想[J]. 云南师范大学学报(哲学社会科学版), 2015(4).
[50]张天伟. 语言政策与规划研究: 路径与方法. 外语电化教学[J], 2016(2).
[51]张卫国, 刘国辉. 中国语言经济学研究述略[J]. 语言教学与研究, 2012(6).
[52]张蔚磊, 王辉. 微观语言规划理论及其对我国外语教育规划的启示[J]. 外语研究, 2022(1).
[53]张蔚磊. 我国外语教育政策的实然现状与应然选择[J]. 外语教学, 2015(1).
[54]张蔚磊. 非英语国家外语教育政策与规划的焦点问题探究[J]. 外国中小学教育, 2018(11).
[55]张蔚磊. 国外语言政策与规划理论研究述评[J]. 外国语, 2017(5).
[56]张治国. "一带一路"建设中的语言问题[J]. 语言文字应用, 2016(4).
[57]张治国. 中国的关键外语探讨[J]. 外语教学与研究, 2011(1).
[58]赵蓉晖, 冯健高. 区域国别研究视角下的语言能力——地位与内涵[J]. 外语界, 2020(3).

[59]赵蓉晖. 中国外语规划与外语政策的基本问题[J]. 云南师范大学学报(哲学社会科学版), 2010(6).
[60]赵世举. 语言经济学的维度与视角[J]. 武汉大学学报, 2017(6).
[61]赵世举. "一带一路"建设的语言需求及服务对策[J]. 云南师范大学学报(哲学与社会科学版), 2015(4).
[62]仲伟合, 王巍巍, 黄恩谋. 国家外语能力建设视角下的外语教育规划[J]. 语言战略研究, 2016(5).
[63]仲伟合, 等. 国家外语能力建设视角下的外语教育规划[J]. 语言战略研究, 2016(5).
[64]周庆生. 语言规划发展与微观语言规划[J]. 北华大学学报(社会科学版), 2010(6).
[65]周庆生. 语言规划发展与微观语言规划[J]. 北华大学学报(社会科学版), 2010(6).
[66]邹丽君. 外语学习的最佳起始年龄及对外语教学的启示[J]. 长春理工大学学报, 2010(5).
[67]邹申. 欧洲语言共同参考框架在中国：研究现状与应用展望[J]. 中国外语, 2015(3).

附　录

附录一　《江西省参与丝绸之路经济带和21世纪海上丝绸之路建设实施方案》

江西省参与丝绸之路经济带和21世纪海上丝绸之路建设实施方案

（赣府发〔2015〕26号）

2015年5月15日

江西是古代丝绸之路和海上丝绸之路的重要文化产品和主要商品输出地之一，为传播中华文明，促进古代东西方政治、经济、文化交流作出了积极贡献。在新的历史时期，为贯彻落实党中央、国务院关于推进丝绸之路经济带和21世纪海上丝绸之路（以下简称“一带一路”）建设的战略部署，进一步完善我省对外开放格局，迈出发展升级、小康提速、绿色崛起、实干兴赣新步伐，特制订本实施方案。

一、重大意义和总体要求

（一）重大意义

推进“一带一路”建设，是党中央、国务院积极应对全球形势深刻变化，统筹国内国际两个大局，谋划我国全方位对外开放新格局作出的重大决策。积极参与“一带一路”建设，是策应国家重大发展战略，抢抓历史性发展机遇，推动我省在更高水平更高层次开发开放的必然要求，有利于加快打通连接“一带一路”战略通道，构建东西双向对外开放新格局；有利于我省产品和企业开拓新兴市场，提升参与国际市场合作竞争力；有利于更好参与沿线国家资源能源开发，增强经济发展支撑能力；有利于充分展示我省丰富的历史文化及生态资源优势，更多传递“一带一路”江西好声音，对于促进我省开放型经济跨越发展、提高江西国际知名度和影响力具有重大而深远意义。

（二）指导思想

以邓小平理论、“三个代表”重要思想、科学发展观为指导，认真贯彻习近平总书记系列重要讲话精神，按照“政策沟通、设施连通、贸易畅通、资金融通、民心相通”要求，充分发挥历史文化和生态资源优势，以畅通对外通道为基础，以扩大经贸投资为重点，以深化人文交流为纽带，以强化平台建设为支撑，积极参与“一带一路”建设，不断拓展国际合作新空间，努力把我省建设成为连接“一带一路”内陆战略通道、内陆开放合作高地、生态文明国际合作重要平台。

（三）战略路径

1. 明确战略走向。依托国内国际大通道，重点谋划三大战略走向。向西北，经新疆阿拉山、红其拉甫口岸，内蒙古二连浩特口岸，连接哈萨克斯坦等中亚国家、蒙古国、俄罗斯、巴基斯坦，通达中东欧、欧盟国家。向西南，经云南、广西边境口岸，通达越南、老挝、泰国、印度等东盟及南亚国家。向东南，经上海洋山、浙江宁波、福建厦门和莆田、深圳盐田等沿海港口，连接海上丝绸之路，通达东盟10国，印度、巴基斯坦、孟加拉国等南亚国家，并延伸至南太平洋、非洲、欧洲国家。

2. 突出重点区域。根据“一带一路”沿线国家经济发展基础、自然资源禀赋等特点，结合我省开放型经济发展需求，着力完善三大区域布局。巩固东盟与我省第一大贸易伙伴关系，发展更加紧密的经贸合作关系，扩大双方进出口规模，加强产业双向投资和旅游市场开发，不断提高合作层次和水平。开拓俄罗斯、中亚、中东欧、非洲等新兴市场，建立合作交流机制和渠道，积极发展进出口贸易，加大对外工程承包力度，务实推进资源能源和农业开发及产业合作，努力培育新的经贸增长点。扩大欧盟市场，加强先进装备和技术引进，大力吸引世界500强企业落户，进一步提高出口产品质量。

3. 体现江西特色。着眼培育对外开放新优势，增强国际合作竞争力，打好三张特色牌。打好特色产业品牌，围绕陶瓷、铜、钨和稀土、航空制造、汽车、光伏、电子信息、家具，以及茶叶、脐橙蜜桔等产业，打造一批具有较强竞争力的特色产业基地和境外经贸合作区。打好特色文化旅游品牌，依托千年瓷都景德镇、世界自然文化遗产庐山、三清山、龟峰，革命摇篮井冈山、道教祖庭龙虎山、客家摇篮赣州、禅宗圣地宜春等文化名山名城，打造一批高质量的文化旅游经贸交流平台。打好绿色生态品牌，依托国际重要湿地鄱阳湖和全省良好的生态环境，以建设全国生态文明先行示范区为契机，广泛开展国际生态经济与技术交流，打造国际生态文明建设合作交流重要平台。

4. 发挥地方优势。引导各地立足优势，找准定位，支撑全省融入“一带一路”建设。强化南昌内陆开放型经济高地作用，着力推进南昌国际航空港、南昌综合保税区等平台建设，加强高端装备制造、新一代信息技术、现代服务业等领域的国际合作，引领带动全省参与“一带一路”建设。发挥九江、赣州、上饶、抚州等对外开放门户作用，加强与长江经济带、福建海上丝绸之路核心区以及东部沿海战略支点的互动对接，建设开放合作示范平台，联动省内腹地发展。打响景德镇瓷都、鹰潭铜都、宜春锂都、新余新能源科技示范城、萍乡资源型城市转型示范区、吉安电子信息产业基地等城市名片。

5. 加强示范引导。坚持市场运作与政府推动相结合，支持企业积极开拓国际市场，着重发挥好三个示范引导。强化龙头企业带动，鼓励省属国企、大型民企等有实力的骨干企业率先参与沿线国家经贸投资合作，带动上下游企业积极跟进。强化重大项目示范，着力推动一批重大合作项目实施，提升江西企业和产品在沿线国家的品牌形象和市场占有率。强化政府协调引导，发挥政府部门在信息引导、政策扶持、沟通协调等方面作用，为企业“走出去”创造良好的营商环境，提供更多的政策服务。

(四)发展目标

近期(至2020年)，用5年左右时间，建立机制，打开局面。打通一批对外开放战略通道，建立一批友好省州经贸合作关系，建成一批重大合作项目，与“一带一路”沿线国家经贸投资取得初步成果，力争到2020年我省对沿线国家进出口总额突破300亿美元、利用外资突破100亿美元、对外工程承包额突破100亿美元、对外投资突破50亿美元。

中期(至2025年)，用10年左右时间，深化合作，取得实效。合作协调机制与平台更加完善，连接“一带一路”开放通道更加通畅，与沿线主要国家友好省州合作交往更加深入；经贸合作取得明显成效，与沿线国家贸易总额、对外投资、引进外资均比2020年翻一番。

远期(至2050年)，用更长一段时间，全面提升、扩大影响。与沿线主要国家各领域合作全面加强，合作层次和水平显著提升，为我国与沿线国家建立平等互利共赢的利益共同体和命运共同体发挥积极作用。

二、推动基础设施互联互通，打造连接“一带一路”内陆通道

积极谋划与“一带一路”主要沿线国家互联互通路径，加快关键通道和重点工程建设，构建联通内外、安全通畅的对外开放通道。

(五)畅通陆上通道

依托国内现有连接亚欧、泛亚铁路运输通道，加强与湖北、重庆、陕

西、新疆等相关省区市合作，加快武九客专、蒙西至华中地区铁路煤运通道等项目建设，进一步打通我省对接中亚、中东欧、欧盟及东南亚的"陆上丝绸之路"通道。积极对接"汉新欧""渝新欧"等中欧国际铁路班列，研究建立南昌始发的赣欧(亚)国际铁路货运通道，并积极对接福建货运，力争逐步实现班列化运行。研究推进借道云南、广西连通东盟国家的货运通道。加快完善物流园区、港口、口岸与铁路干线的连接设施。

(六)连接海上通道

依托长江黄金水道，沪昆、京九、向莆、赣龙、鹰厦等出海铁路，以及通达东南沿海高速公路，加强与沿海港口合作，强化铁海联运、陆海联运等作业项目，打通连接"海上丝绸之路"通道。发挥九江城西港启运港优势，加快建设赣鄱高等级航道及集疏运体系，加强九江港与上海洋山港等沿海港口对接，提高江海联运能力。积极开行我省至宁波、厦门、福州、莆田、深圳等沿海口岸的铁海联运班列，促进常态化运行。加快推进赣深客专、合安九客专、渝长厦客专、吉永泉铁路、鹰梅铁路、桂永郴赣铁路等项目建设，拓展出海通道。

(七)构建空中走廊

积极推进"一干九支"机场布局建设，加快形成连接"一带一路"重点地区的高效便捷航空运输网络。大力提升南昌昌北国际机场枢纽地位，改造T1国际航站楼，争取建立昌北国际机场口岸签证(注)点，规划建设中心城区至机场的快速轨道交通，促进南昌临空经济区发展。支持赣州黄金机场申报建设航空口岸，推动赣州黄金机场升级为国际机场。加密南昌至乌鲁木齐、西安、厦门、昆明、南宁等国内干线航班，巩固赣台、赣港航线，拓展东南亚航线，争取开通洲际航线。积极推动中亚、西亚、南亚和东欧航空公司进入我省发展客货运输。

（八）拓宽数字通道

加快电子口岸公共服务平台建设，主动参与长三角、珠三角、海西经济区数字信息平台共建共享，实现省内口岸管理部门、经营单位与沿海、沿边、沿江省份电子口岸的互联互通，推进通关便利化。依托南昌、赣州国家电子商务示范城市，大力发展跨境电子商务，积极培育一批电商综合服务平台，拓宽网上丝绸之路营销渠道。

三、加强产业合作，建设具有国际影响力的特色产业

立足我省产业比较优势，瞄准沿线国家市场，坚持“走出去”与“引进来”并举，促进产业优势互补，推动产业发展升级。

（九）振兴世界瓷都

充分发掘景德镇陶瓷文化底蕴，加强景德镇御窑遗址和中国陶瓷博物馆等平台建设，深化陶瓷文化国际交流，努力把景德镇建设成世界陶瓷文化交流中心。依托景德镇陶瓷学院、陶瓷研究所和景德镇国家日用及建筑陶瓷工程中心，加强陶瓷科研成果转化，努力把景德镇建设成世界陶瓷技术研究中心。依托景德镇陶瓷工业园、陶溪川、名坊园等陶瓷文化创意园，引进国内外先进陶瓷企业和优秀创作人才，努力把景德镇建设成世界陶瓷文化创意中心。利用景德镇世界陶瓷博览会，开辟丝绸之路景德镇国际电子商城，努力把景德镇建设成全球陶瓷采购中心。同时，依托高安建筑陶瓷、萍乡芦溪电瓷等产业平台，大力发展中高端陶瓷制品，提升我省陶瓷产业国际市场占有率和美誉度。

（十）做优世界铜都

充分发挥鹰潭铜产业优势，加快铜冶炼、铜废旧原料再生利用、铜精深产品加工基地和铜产业物流中心“三个基地、一个中心”建设，构建具有

国际竞争力的铜产业体系。支持江铜等龙头企业发挥技术和资本优势，到沿线国家开展矿产资源和冶炼企业兼并重组，建立稳定的全球铜资源供应保障体系。依托国家级铜冶炼及加工工程技术研究中心、国家级铜及铜产品质量监督检验中心平台，完善铜研发创新体系，大力发展铜基新材料等高附加值产品，做大做强鹰潭铜期现货市场，努力建设世界级铜产业基地。

(十一)建设世界钨和稀土产业基地

充分发挥我省钨和稀土资源优势，支持中国南方稀土集团、江钨控股集团等龙头企业发展壮大，积极开展钨和稀土新材料研发应用国际合作，建设具有国际影响力的钨和稀土产业基地。加强资源整合和储备，推进国家级离子型稀土资源高效开发利用工程技术中心建设，完善产品和技术信息发布、现代物流等服务平台，努力建设具有国际影响力的钨和稀土产品交易中心及战略储备基地。

(十二)培育航空产业集聚区

依托南昌航空工业城和景德镇直升机产业基地，加强与俄罗斯、意大利、比利时等国合作，引进航空发动机等关键零部件技术，推动开展教练机、通用飞机、直升机研发合作和生产组装。加快通用机场规划建设，积极推动低空开放，着力引进先进的通航运营与航空服务企业，大力发展航空物流、展览、旅游及培训，打造航空产业国际合作示范区。

(十三)壮大汽车产业基地

依托南昌、景德镇、上饶、萍乡等汽车生产基地，大力引进沿线国家先进的汽车零部件和整车生产技术，提升我省汽车产业整体发展水平。发挥我省锂矿石资源储量优势，通过引进国内外资本、技术，着力推进纯电动专用车辆、混合动力客车、短途经济型纯电动乘用车及关键零部件技术开发和产业化，努力建设国内乃至亚洲锂电及电动汽车产业高地。鼓励江铃等有实力的汽车企业走出去，支持到沿线国家建设海外汽车生产加工(组装)基地。

(十四)做强光伏新能源产业

发挥我省光伏新能源产业集群优势，引导和支持光伏企业增强核心技术创新能力，大力发展太阳能电池、组件、系统集成及应用产品，积极推进分布式光伏发电应用，不断提升我省光伏企业综合竞争力和市场占有率。积极推动和引导我省光伏企业开展对外经济技术合作，通过对外承包工程等方式，积极开拓非洲、中东、亚洲等新兴市场。鼓励光伏企业开展境外投资，创新国际贸易方式，优化制造产地分布，赴境外建立生产基地或投资建设光伏电站。

(十五)打响绿色食品品牌

立足我省自然生态优势，以国际市场为导向，大力培育以江西茶叶、赣南脐橙、南丰蜜桔、鄱阳湖水产、有机蔬菜、高产油茶等为代表的绿色食品产业基地，努力提升绿色食品加工规模化、园区化和国际化水平。重振江西茶产业，鼓励扩大茶园种植规模，推进品牌整合，打造1~3个全国茶叶知名品牌，巩固和扩大婺源有机茶等产品在欧盟市场的占有率。鼓励农业龙头企业到东南亚、非洲等沿线国家建设农产品种养加工基地，推动与以色列等国家合作建设现代农业示范园区，积极参与农业部组织的“南南合作”农业计划，提升我省绿色食品国际形象。

(十六)打造国际生态旅游目的地

大力实施旅游强省战略，加强景德镇、庐山、三清山、龙虎山、井冈山、婺源等著名旅游景区建设，打造国际生态旅游目的地。加强与沿线国家旅游宣传推广合作，互办旅游推广周、宣传月等活动，积极参与国际性、区域性旅游展会，大力推介“江西风景独好”旅游品牌，提升江西旅游国际知名度。联合国内相关省份推出一批具有丝绸之路概念的特色旅游线路，吸引“一带一路”区域旅游客源。大力开拓泰国、越南、新加坡、俄罗斯等旅游市场。开辟与沿线国家的旅游直飞航线，支持开通旅游包机，促进国际旅游市场发展。

四、深化经贸往来，大力开拓沿线国际市场

推动与沿线国家贸易快速发展，大力培育经贸新增长点，积极开拓海外工程承包市场和能源矿产市场，强化品牌建设，努力提升经贸合作水平。

（十七）加快外贸转型升级

着力巩固我省茶叶、柑橘、蜜柚、特色水产等优势农产品和纺织服装等劳动密集型产品出口优势，进一步提升机械制造、电子信息等机电产品和高新技术产品的出口能力。着力推进南昌、赣州、上饶、宜春、吉安国家加工贸易梯度转移重点承接地，以及赣南承接产业转移示范区、九江承接产业转移示范基地等平台建设，促进外贸结构优化升级。鼓励钢铁、水泥、建材等传统优势行业到资源富集、市场需求大的沿线国家建设生产基地，开拓国际市场。大力实施品牌战略，积极推动出口质量安全示范区建设，助推企业“走出去”。适当提高引进先进设备和技术省级进口贴息标准。

（十八）开拓对外工程承包市场

抓住沿线国家加大基础设施建设机遇，组织和引导江西国际公司、中鼎国际集团、江西中煤建设集团、省建工集团等对外承包工程龙头企业，联合省内其他建设企业积极开拓非洲、东南亚、中亚、俄罗斯市场，提升对外承包工程质量和效益，培育“江西建设”品牌。鼓励企业积极承揽重大

基础设施和大型工业开发项目，带动国内技术、装备、产品、标准和服务出口，扩大对外经济合作效益。

（十九）加强境外能源矿产开发

鼓励省地质勘测单位采取矿业企业与地勘单位联合、资本与技术结合等方式，到柬埔寨、印尼、菲律宾、伊朗等沿线国家开展地质调查，探寻矿产资源。鼓励江铜集团公司、江钨控股集团公司、省能源集团公司等龙头企业参与沿线国家矿产资源开发，巩固和扩大境外铁矿石、铜精矿、稀土矿、钨精矿、煤炭等原料来源。研究建立我省与巴西、智利等拉美地区矿产资源合作新模式。主动参与中亚、北非、澳洲、俄罗斯等国家铀资源勘探开发，积极寻求与中亚、西亚、俄罗斯等国家油气合作，拓展能源供应保障渠道。

（二十）完善境外营销网络

支持企业加快国际营销网络和售后服务体系建设，在东盟、非洲、俄罗斯等重点市场建设展示中心、批发零售网点、售后服务中心及备件仓库。鼓励企业在沿线国家建设中国江西商贸城，加快发展跨境电子商务，拓宽营销渠道。引导江西商贸物流、电子商务、供应链型外贸企业向沿线国家拓展贸易范围，带动相关产品出口。

五、加强人文交流，促进丝绸之路友好合作

深化与沿线国家文化、生态、科技、教育、医药卫生等领域交流合作，扩大相互了解和文化认同，促进民心相通，为建立多领域的友好合作关系奠定民意基础。

（二十一）扩大文化艺术交流

立足陶瓷、茶叶、丝绸、夏布等古丝绸之路文化元素，加强丝绸之路

历史文化遗产传承和保护，建设一批独具魅力的丝绸之路特色文化交流展示区。主动参与“一带一路”重要历史文化遗产建设，联合相关省份推进“万里茶道”、景德镇古御窑遗址申遗工作。充分发掘我省优秀传统文化，推进儒释道文化、赣南客家文化、稻作文化、青铜文化等交流平台建设，扩大传统文化国际影响。加快文化“走出去”步伐，推动文化出版、动漫设计、油画艺术等创意产业国际合作，鼓励富有江西特色的演艺项目到沿线国家演出，着力办好千年瓷都景德镇陶瓷文化国际巡展等高水平文化交流活动。推动互设文化交流中心，建设好葡萄牙里斯本中国文化中心。加强境外优秀文化产品进口，促进文化相互交流。

（二十二）强化国际生态合作

深入推进鄱阳湖生态经济区和江西全国生态文明先行示范区建设，保护好鄱阳湖“一湖清水”，加快形成可复制可推广的生态文明建设模式。广泛开展与俄罗斯、东亚、南亚等沿线国家的生态经济和技术交流，共同探索大湖流域综合开发治理新路径。依托世界低碳生态经济大会、国际白鹤论坛、世界生命湖泊大会，加强应对全球气候变化、发展低碳技术和绿色经济、越冬白鹤保护等方面合作，建立有效的对话机制和联动机制。强化与国际生态保护组织交流，宣传展示生态文明建设成果，树立崇尚自然、保护环境的国际形象。

（二十三）加强科教国际合作

鼓励省内科研机构、高校与东南亚、俄罗斯、欧洲的科研院所、高校建立长期合作关系，加强教师进修、学生互访和科技联合攻关。支持我省有关高校积极面向“一带一路”沿线国家招收一批高素质留学生，鼓励有条件的高校与沿线国家有关高校合作建立孔子学院、孔子课堂，扩大我省教育国际影响力。深入推进南昌大学、华东交通大学等高校与俄罗斯伏尔加河沿岸地区高校合作，认真办好中俄青少年友好交流等活动，增进青年友谊。

（二十四）推动中医药国际交流

发挥我省传统中医技术优势，举办传统中医国际研修班，推动针灸、推拿等传统中医技术走出去。积极推进江西中医药大学岐黄国医外国政要体验中心建设，不断扩大提升国际影响力。鼓励有条件的中医医疗机构以独资、合资、合作方式在境外开展中医药服务。依托中医药文化发源地、药都的优势，举办庐山杏林文化论坛、世界传统医学高峰论坛，开展与世界各国中医药学术团体、各类医药学术团体间交流与合作。推进与东盟、南亚、俄罗斯、以色列等国家和地区开展医疗卫生交流，提升双方卫生专业水平。

六、搭建合作平台，拓展“一带一路”交流渠道

加强与国内相关省区及“一带一路”沿线国家合作交流，统筹推进经贸交流、口岸通关、产业投资等重大平台建设，为企业“走出去”“引进来”创造有利条件。

（二十五）做优经贸投资促进平台

精心打造世界低碳生态经济大会、景德镇国际陶瓷博览会、中国绿色食品博览会等一批自主展会，建立常态化、国际化、综合性投资贸易平台。提升赣港、赣台等经贸活动成效，积极赴沿线国家开展经贸活动，促进双向合作与交流。组织参加东盟博览会、南亚博览会、亚欧博览会、西部博览会等重点展会。鼓励和推动外国政府、国际机构、商贸协会和国际风投机构等来赣设立代表处、办事机构及交流中心。依托国家驻外经贸促进机构，在沿线国家建立招商中心、商会等经贸平台。

（二十六）畅通口岸通关平台

深化与沿海、沿边地区海关、检验检疫等合作交流，全面实现口岸管

理相关部门信息互换、监管互认、执法互助。支持南昌、九江口岸建设，争取设立南昌、九江综合保税区，积极推进九江港口岸进一步扩大开放，加快建成赣州综合保税区、赣州进境木材国检监管区，研究推进共青城设立海关特殊监管区或保税仓库。加快建设昌九区域口岸一体化信息系统。

(二十七)共建跨国合作产业园

鼓励与沿线国家合作共建产业园区、科技园区、经贸合作区，支持有实力的制造业企业到资源丰富、技术相对缺乏的国家设立加工区，农业龙头企业到非洲和东南亚国家设立生态农业园，大型物流企业到东盟和中亚国家设立经贸合作区，打造我省对外开放重要窗口。借鉴国内新加坡工业园运营模式，积极推动沿线国家到我省设立产业园区。

(二十八)发展友好省州

积极推动与沿线重点地区建立友好合作关系，着力巩固我省与菲律宾、柬埔寨、俄罗斯、匈牙利、德国、法国等国家8对友好省州关系，密切南昌、九江、宜春、上饶、鹰潭等与沿线地区6对友好城市关系，争取所有设区市在沿线国家发展友好城市。务实推进友好省州(城市)合作，倡导在平等互利基础上签署合作框架协议，开展高层互访、互办经贸推介等活动，促进政府、企业以及民间交往常态化，推动双边合作项目有效实施。充分利用好长江中上游地区与俄罗斯伏尔加河沿岸联邦区合作机制，务实推进我省与巴什科尔托斯坦共和国、彼尔姆边疆区等地区的合作交往。

七、强化保障措施

(二十九)积极争取国家支持

加强与国家有关部委对接，争取我省参与“一带一路”通道建设、产业合作、人文交流等重点项目纳入国家相关专项规划和政策支持范围。争取国家批复设立昌九新区，打造对接融入“一带一路”重大战略平台。积极帮助企业争取亚投行、丝路基金和国家政策性银行、政策性保险支持。推动我省重点扶持和鼓励的对外投资企业纳入国家税收激励范围，落实出口退税、税收抵免、税收减免、延期纳税等政策。

(三十)创新合作交流机制

借助广交会、厦洽会、东盟博览会、南亚博览会、亚欧博览会、中阿博览会、西部博览会等展会平台，推进与沿线国家合作。加强与长三角、珠三角、福建海上丝绸之路核心区、新疆陆上丝绸之路核心区，云南、广西面向东盟开放桥头堡，以及重庆、武汉等内陆战略腹地重要节点的联系，深化经贸投资等领域的分工协作，共同推进对外通道、人文合作等项目建设。持续深入推进赣港澳台合作，充分利用好香港国际金融、贸易、航运中心，台湾全球代工产业中心，澳门国际会展、旅游中心以及面向葡语系国家等独特优势，进一步拓展与“一带一路”国家合作。

(三十一)促进投资贸易便利化

积极推进“三单一网”工作，推广上海自贸区可复制的改革试点措施。积极争取申报设立昌九自由贸易区。加快国际贸易“单一窗口”建设，推进“三个一”(一次申报、一次查验、一次放行)和“三互”(信息互换、监管互认、执法互助)口岸大通关改革。建立我省与沿线国家贸易投资优先合作动态“项目清单”。推动人员往来便利化，建立与沿线国家贸易投资合作“出入境绿色通道”。

(三十二)加大跨境金融支持

研究设立省级参与“一带一路”建设专项资金，重点支持省内企业与沿线国家合作项目建设。鼓励国家开发银行江西省分行、中国进出口银行江西省分行、中国出口信用保险公司南昌营业管理部、中国银行江西省分行等金融机构创新融资模式和金融产品，加大企业参与“一带一路”建设融资扶持力度。研究建立我省企业对外投资大额融资平台和投资保险制度，推动建立我省“一带一路”信用保险统保平台，扩大出口信用保险规模和覆盖面，对大型成套设备出口融资应保尽保。鼓励保险机构设立与国别风险相关的专项险种，开展更为灵活的融资担保形式。积极引导省内企业将人民币作为对外经贸投资的结算货币，促进人民币国际化，有效降低汇率波动风险。

(三十三)完善人才扶持政策

着力培养具有国际视野、通晓国际经济运行规则、熟悉沿线主要国家法律法规的外向型、复合型人才，举办“一带一路”经贸文化高级研修班，加强国际人才储备。加大英语、俄语等语种人才的培养力度，支持南昌大学、江西师大等大中专院校增设一批小语种专业。积极争取国家相关引智专项支持，加大省人才发展专项资金对“一带一路”引智项目扶持力度，大力引进海外高层次人才和技术专家。研究建立参与“一带一路”建设智库，发挥其在决策参考、风险评估以及沟通沿线相关各方中的作用。

(三十四)加强组织实施

省级层面建立参与“一带一路”建设工作机制，统筹协调推进重大项目、重大事项和重大政策的落实。省发改委做好综合协调工作，组织研究重大政策，协调解决重大问题；省商务厅做好对外经贸合作相关工作，推进贸易投资便利化；省外侨办做好对外联络工作，加强与沿线国家的沟通磋商。鼓励国家开发银行江西省分行、中国进出口银行江西省分行、中国出口信用保险公司南昌营业管理部、中国银行江西省分行等金融机构在风险可控前提下，加大“一带一路”投资合作项目及进出口业务的金融支持。各地各有关部门各司其职、密切配合、通力协作，研究制定配套政策措施，抓紧实施各领域合作项目，加强对企业的指导和服务工作，全面推进各项任务的落实。

附件：江西省参与“一带一路”建设优先推进项目（2015—2017）

类别	重点项目	建设内容	工作目标
一、对外通道建设项目	1. 基础设施互联互通工程	加快赣深客专、合安九客专、渝长厦客专、吉永泉铁路、鹰梅铁路、桂永郴赣铁路等项目建设，拓展连接“一带一路”战略通道。	争取2015年底前开工建设赣深客专、合安九客专、吉永泉铁路，加快鹰梅铁路项目前期工作；争取渝长厦客专、桂永郴赣铁路纳入国家“十三五”铁路建设规划，力争“十三五”开工建设。
	2. 对接“一带一路”货运通道工程	研究建立赣欧(亚)国际铁路货运通道。	2015年完成赣欧(亚)国际铁路货运通道开通前期研究工作，2017年力争班列化运行；加快赣闽、赣深“五定班列”开行进度。
		开行赣闽“五定班列”。	
		开通赣粤铁海联运。	
	3. 港口基地建设工程	推进福建莆田港江西石化进出口基地、福建江阴港江西集装箱进出口基地、福建湄洲湾港江西干散货物进出口基地、福建宁德上饶港基地建设。	争取2017年前全部建成投运。
	4. 空中通道建设工程	加密南昌至乌鲁木齐、西安、厦门、昆明、南宁等国内干线航班。	力争2017年底前增加南昌至乌鲁木齐、西安、厦门、昆明、南宁等国内干线航班，开通通往东盟国家航班；2017年前启动南昌洲际航线筹划工作，争取2020年前开通。
		巩固扩大南昌至泰国、新加坡旅游包机规模。	
		研究开通南昌洲际航线。	

续表

类别	重点项目	建设内容	工作目标
二、产业投资项目	5. 农业投资合作项目	推进江西华美食品有限公司马来西亚现代农业产业园、赤道几内亚国家级农业示范中心、多哥农业示范中心和九江欧文斯建材公司俄罗斯巴什科尔托斯坦共和国、彼尔姆边疆区农业大棚种植基地建设；支持江西正邦集团到南非设立农业产业园。	争取 2016 年正式开工建设。
	6. 优势产业合作工程	推动昌河飞机工业公司、江西省直升机投资公司与俄罗斯合作建设 1 吨级直升机组装线，江西昌兴航空装备有限公司与意大利 K4A 公司合作生产 KA-2HT 轻小型民用直升机，泰豪电源技术有限公司与孟加拉、印尼合作生产发电机，江西国际公司、晶科能源有限公司在肯尼亚建设太阳能光伏发电站，华意压缩机公司在意大利投资设厂，江西赛维 LDK 太阳能高科技有限公司在非洲开展太阳能合作。	加快签署合作协议，启动实施一批项目。
	7. 产能“走出去”工程	支持钢铁、冶金、水泥行业重点骨干企业到沿线国家建设生产基地。	争取 2017 年前达成项目合作意向，并开工建设。

续表

类别	重点项目	建设内容	工作目标
二、产业投资项目	8. 出口产业基地建设工程	积极推进机电产业基地(南昌、九江、鹰潭、新余、萍乡等地)、纺织服装产业基地(九江、南昌、宜春、赣州等地)、电子信息产业基地(南昌、吉安、九江)、绿色食品产业基地(赣州、吉安、抚州、上饶等地)、家具产业基地(南康、广丰)、烟花产业基地(万载、上栗)、陶瓷产业基地(景德镇、高安、丰城、黎川、湘东、芦溪)建设。	集聚一批各具特色的出口主导型企业，壮大产业链；到2020年，出口主导型产业集群初具规模。
三、经贸合作项目	9."千家企业闯国际市场"工程	支持晶科能源有限公司、西龙食品有限公司、江西耐普矿新材料股份有限公司、江西艾芬达卫浴有限公司、江西恩泉油脂有限公司、江西中格进出口贸易公司等进出口贸易企业拓展对外贸易业务。	持续推进。
	10. 境外经贸合作项目	推进埃塞俄比亚国际轻工业城、柬埔寨国际工业城、格鲁吉亚国际商贸城、俄罗斯巴什科尔托斯坦共和国乌法中俄国际商贸城、马来西亚现代农业产业园建设。	2015年底前开工建设俄罗斯乌法中俄国际商贸城、马来西亚现代农业产业园，2016年完工；到2017年，各境外经贸合作基地(园区)全部投运。

续表

类别	重点项目	建设内容	工作目标
三、经贸合作项目	11. 外贸转型示范项目	推进南昌、赣州、上饶、宜春、吉安国家加工贸易梯度转移重点承接地，以及景德镇直升机研发生产基地、景德镇陶瓷及文化创意基地、九江绿冬丝绸文化电子创意产业园，上饶和新余光伏产业基地、鹰潭铜产业示范基地、共青城中俄国际商贸城跨境电子商务示范基地建设。	到2017年，各产业基地出口规模和效益显著扩大。
	12. 对外工程承包项目	实施赣州发电设备有限公司承接越南水利发电机组安装、江西国际公司赤道几内亚民生基础设施、江西江联国际工程有限公司埃塞俄比亚糖厂EPC总承包、江西久盛国际电力工程有限公司印尼东加里曼丹三期燃煤电厂扩建以及江西中煤建设集团柬埔寨污水处理厂、印度比哈尔省公路、孟加拉国达卡供水设施等项目。	持续推进。
	13. 能源矿产资源开发工程	推进江西铜业集团与俄罗斯外贝加尔边疆区乌多坎铜矿投资合作项目、与俄罗斯布里亚特共和国奥杰罗铅锌矿投资合作项目、与中冶集团合作开发阿富汗艾娜克铜矿项目、与俄罗斯巴什科尔托斯坦共和国铜尾矿回收综合利用合作项目，省能源集团与印尼贝劳煤炭能源公司、巴彦能源公司煤炭合作开采项目、与澳大利亚CMR煤炭公司煤炭合作开采项目，江钨控股集团与喀麦隆钴镍锰矿合作项目、与白俄罗斯稀土矿产和钪资源合作项目。	争取2015年底前江西铜业集团巴什科尔托斯坦共和国铜尾矿回收综合利用项目签署合作协议，2016年开展项目前期工作；力争到2017年，江西铜业集团与俄罗斯外贝加尔边疆区、布里亚特共和国签署项目合作协议；省能源集团与贝劳煤炭能源公司、巴彦能源公司和CMR煤炭公司签署项目合作协议；江钨控股集团与喀麦隆、白俄罗斯合作项目完成开发前期准备工作。

续表

类别	重点项目	建设内容	工作目标
四、人文交流项目	14.“江西风景独好”旅游推介工程	积极举办旅游推介会，参与国际性旅游展会，打响“江西风景独好”旅游品牌；推进景德镇、庐山、三清山、龙虎山、井冈山、婺源等世界文化休闲旅游示范区和“江西风景独好”境外旅游形象店建设。	2015—2017年，每年组织一次重大旅游推介活动，积极参与国际性旅游展会，规划建设一批“江西风景独好”境外旅游形象店。
	15. 文化交流工程	承建文化部葡萄牙里斯本中国文化中心。	2016年底前建成并投入使用。
		建设南昌大学俄语中心。	2015年底前建成并投入使用。
		组织千年瓷都——景德镇陶瓷文化国际巡回展赴“一带一路”沿线国家展演，参与中国——东盟文化交流年、2015“中俄青年年”等重大文化交流活动。	完成各项交流活动。
	16. 世界文化遗产申报工程	推进“万里茶道”、景德镇古御窑遗址申报历史文化遗产。	2015年启动景德镇古御窑遗址申遗筹备工作，力争2016年联合湖北、福建等省份完成“万里茶道”历史文化遗产申报工作。
	17. 生态合作交流工程	提升世界低碳生态经济大会、国际白鹤论坛重大生态合作平台影响力。	认真筹备好2016年世界低碳生态经济大会；2015年底前与俄罗斯雅库特共和国合作开展越冬白鹤保护活动，力争2017年与相关国家建立合作联动机制。

续表

类别	重点项目	建设内容	工作目标
四、人文交流项目	18. 教育合作工程	继续加强九江学院柬埔寨王家学院孔子学院、南昌大学印度尼西亚哈山努丁大学孔子学院建设，深入开展南昌大学与俄罗斯彼尔姆国立大学、华东交通大学与俄罗斯彼尔姆国立科研理工大学的合作与交流，积极推进南昌大学与俄罗斯巴什基尔国立医科大学、华东交通大学及新余学院与俄罗斯萨马拉国立大学的合作与交流。	到2017年，合作关系全面深化，我省招收“一带一路”沿线国家留学生增加到2800人。
	19. 科技合作工程	继续深入实施国家“千人计划”项目、“杰出青年科学家来华计划”项目、中国—南亚科技合作项目、省农科院与菲律宾杂交水稻育种、栽培技术合作项目。	持续推进。
		实施东华理工矿产资源勘查研究、江西先锋职业技术学院聘请印度IT高级工程师、江西耐普矿机新材料公司“矿山机械产品输出及产业链构成”等引智项目。	到2017年基本完成。
	20. 医疗卫生合作工程	推进与东盟、南亚、俄罗斯、以色列开展学者互访、科研、临床医疗等合作。	形成一批合作成果。
	21. 中医药国际交流项目	举办传统中医国际交流班，建设江西中医药大学岐黄国医外国政要体验中心。	办好首届传统中医国际研修班，力争2016年底前接收第一批国际学员，建成江西中医药大学岐黄国医外国政要体验中心。
		建设江西中医药大学与俄罗斯巴什科尔托斯坦共和国尤玛达瓦疗养院巴国长江中医馆。	争取2015年底前签署合作协议，派遣针灸医师开展工作。

续表

类别	重点项目	建设内容	工作目标
五、重大开放支撑平台	22. 口岸平台建设工程	争取设立南昌、九江综合保税区，加快建设赣州综合保税区和进境木材国检监管区，研究推进共青城海关特殊监管区或保税仓库。	争取2015年底前南昌综合保税区获批，加快九江综合保税区申报设立工作进度，基本建成赣州综合保税区和进境木材国检监管区，启动共青城海关特殊监管区或保税仓库设立申报工作。
	23. 经贸投资促进平台	参与厦门中国国际投资贸易洽谈会、南宁中国东盟博览会、中国亚欧博览会等重大经贸活动。	积极推进各项交流活动圆满完成。
		加强世界低碳生态经济大会、景德镇国际陶瓷博览会、中国绿色食品博览会、全国药品交易会、中国(江西)茶业茶文化展览会、中国国际麻纺博览会及赣港经贸合作活动、赣台经贸文化合作交流会等经贸平台建设。	持续推进。
		推动成立江西中东欧投资联合会。	2015年底前成立。
		设立江西德国、香港招商中心。	持续推进。
	24. 跨境合作产业园建设	建设上饶市经开区德国产业园、南昌高新区伏尔加产业园，推动新加坡等国家到我省设立产业园区。	2015年开展上饶市经开区德国产业园、南昌高新区伏尔加产业园申报前期工作，加快完成产业园申报和设立工作；到2017年，吸引一批优势企业入驻产业园。

续表

类别	重点项目	建设内容	工作目标
五、重大开放支撑平台	25. 友好省州建设	继续深化我省与俄罗斯雅罗斯拉夫尔州、柬埔寨暹粒省、菲律宾保和省、匈牙利奥普伦州友好省州关系，推进与法国香槟阿登大区、德国黑森州等友好省州的产业合作，发展与俄罗斯巴什科尔托斯坦共和国、彼尔姆边疆区友好省州关系。	2015年底前与巴什科尔托斯坦共和国建立友好省州关系，2016年与彼尔姆边疆区建立友好省州关系；推进与香槟阿登大区开展农业、文化产业合作，与黑森州开展新能源汽车、化工、电子产品和机械制造业合作，共建德国产业园。力争到2017年与各友好省州建立沟通与协商机制，政府、企业及民间交往常态化。
		继续深化南昌市与马其顿共和国斯科普里市、九江市与斯洛文尼亚科佩尔市、九江市与波兰莱基奥诺沃市、鹰潭市与乌克兰依久姆市、宜春市与匈牙利蒂萨铁堡市、上饶市与俄罗斯苏兹达里市、德兴市与匈牙利蒂萨新城友好城市关系，推进南昌市与俄罗斯乌法市建立友城关系。	我省各市与沿线友好城市关系进一步深化，务实开展产业、经贸、人文等领域全面合作；2015年底前南昌市与俄罗斯乌法市建立友好城市关系。
	26. 支持平台建设	设立省级参与“一带一路”建设专项资金。	力争2016年完成
		建设省级对外投资大额融资和担保平台。	

附录二 江西省2016年参与“一带一路”建设重点国别和重点项目表

重点区域	重点国别	合作领域	重点企业(单位)	重点项目
1. 东南亚和南亚国家	马来西亚	重点加强基础设施、电力能源、矿产、建材、轻工纺织、农业开发等领域的合作，打造我省优势产能转移优先承接地、海外农产品生产基地。	晶科能源有限公司、江西省华美食品工业公司等。	晶科能源有限公司槟城太阳能电池组件及电池生产线项目、华美食品公司江西(马来西亚)现代农业科技产业园项目等。
	印度尼西亚		江西久盛国际有限公司、江联国际工程有限公司、江钨控股集团等。	江西久盛国际有限公司东加里曼丹三期2×100MW三期燃煤电厂扩建工程、江联国际工程有限公司金光2×55MW水电站项目等。
	新加坡		晶能光电有限公司、江西丰临医疗科技公司等。	晶能光电有限公司收购飞利浦亮锐股权项目，江西丰临医疗科技公司医疗器械生产研发合作项目等。
	柬埔寨		江西3L医用制品集团、江西国际经济技术合作公司。	江西3L医用制品集团医疗器械生产项目，江西国际经济技术合作公司国际工业城二期建设项目等。

续表

重点区域	重点国别	合作领域	重点企业(单位)	重点项目
2. 非洲国家	埃及	重点开展基础设施、矿产资源、轻工纺织、农业开发等领域的合作，建设我省对外工程承包重要市场境外加工制造基地和矿产资源基地。	正邦集团、江西春光药品包装材料股份公司等。	正邦集团吉萨省饲料加工厂项目，江西春光药品包装材料股份公司产品销售及生产线建设合作项目等。
	埃塞俄比亚		江联国际工程有限公司、江西中煤建设集团、赣州华坚鞋业公司、江西水利水电建设有限公司等。	江联国际工程有限公司糖厂工程总承包项目，江西中煤建设集团国家公路项目，赣州华坚鞋业公司国际轻工业城项目，江西水利水电公司 wolkite 大坝项目等。
	肯尼亚		江西国际经济技术合作公司、江西水利水电建设有限公司、江西中煤建设集团等。	江西国际经济技术合作公司肯尼亚国会大楼、加里萨 50MW 太阳能电站、姆如妮大坝项目，江西水利水电建设有限公司系列水电站项目，江西中煤建设集团国家公路项目等。
	赞比亚		江西国际经济技术合作公司、省建工集团等。	江西国际经济技术合作公司卢萨卡国际机场扩建、国家电力职工住宅建设、赞比亚大学宿舍楼建设、机场跑道升级扩建、公路改造工程项目，省建工集团赞比亚大学医学院宿舍楼建设、西方省体育场建设、卢萨卡住房项目等。
	赤道几内亚		江西国际经济技术合作公司、江西赣粮实业有限公司等	江西国际经济技术合作公司海岸省系列民生工程、乡村城镇医疗中心建设项目，江西赣粮实业公司中非农业产业园建设项目等。

续表

重点区域	重点国别	合作领域	重点企业(单位)	重点项目
3. 中亚、中东欧及俄罗斯	俄罗斯	重点开展轻工纺织、能源化工、生物医药、矿产及农林资源开发等领域的合作，建设区域性轻工产品基地和面向欧洲的商贸物流基地。	江西中格集团、江西汪氏蜂业集团、江西直方数控动力有限公司、九江欧文斯建材有限公司、江西铜业集团、正邦集团等。	江西中格集团长江国际商务中心建设项目，江西汪氏蜂业集团蜂药生产合作项目，江西直方数控动力有限公司农机生产合作，九江欧文斯建材有限公司农业蔬菜大棚建设项目，江西铜业集团铜尾矿综合利用项目，正邦集团玉米储运加工、饲料、生猪养殖、食品加工基地建设项目等。
	以色列		济民可信集团等。	济民可信集团与冰治公司股权合作项目，南昌高新区以色列生物医药产业园建设等。
	巴基斯坦		江西江联国际工程有限公司、泰豪科技股份公司等。	江联国际工程有限公司拉哈尔桑德工业园2×55MW燃煤电站建设、费萨拉巴德米三工业市2×55MW燃煤电站建设项目，泰豪科技股份公司15MW水电站建设项目等。
	土耳其		江钨控股集团、江西铜业集团等。	江钨控股集团与土耳其米塔公司矿产包销合作项目等。
4. 南太平洋国家	澳大利亚	重点加强矿产资源、农业开发、旅游管理、新能源等领域的合作，建设矿产资源基地、面向国内的优质牛羊肉和乳品加工基地。	江西青龙投资集团、省能源集团、江中集团、煌上煌集团、省旅游集团等。	江西青龙投资集团奶牛基地建设、橄榄油开发项目，省能源集团与CMR煤炭公司煤炭开发合作项目，煌上煌集团肉牛农场建设项目，省旅游集团与雅阁酒店集团合资发展连锁酒店等。
	新西兰		煌上煌集团、开心人集团等。	煌上煌集团、开心人集团麦卢卡蜂蜜生产合作项目等。

续表

重点区域	重点国别	合作领域	重点企业(单位)	重点项目
5. 欧盟及美日韩国家	英国	重点加强汽车、航空、工程机械、光伏新能源、服务业等领域的合作，打造高端制造业研发中心和文化交流合作中心。	江西昌河汽车有限责任公司、蓝途集团汉腾汽车公司、省出版集团、景德镇陶瓷文化旅游发展集团等。	江西昌河汽车有限责任公司与里卡多公司直喷增压发动机设计开发合作，蓝途集团汉腾汽车公司与马勒集团高性能发动机合作开发，省出版集团与麦克米伦出版公司出版合作，景德镇陶瓷文化旅游发展集团与伦敦有关设计院校文化产业合作项目等。
	德国		南昌临空经济区、上饶经开区等。	南昌临空经济区与埃马克集团合作数控机床项目，共建中德 4.0 工业园；上饶德国产业园建设等。
	韩国		省旅游集团、济民可信集团、中石化九江分公司等。	济民可信集团与联合制药公司新药合作开发，中石化九江分公司与 SK 润滑油公司润滑油基础油生产合作；实施友城合作周，推进与韩国全罗南道在旅游、中医药等领域的合作。

附录三　江西省 2018 年参与“一带一路”建设工作要点

2018 年，是贯彻党的十九大精神的开局之年，是改革开放 40 周年，也是习近平总书记提出“一带一路”倡议五周年。今年我省参与“一带一路”建设的总体要求是：以习近平新时代中国特色社会主义思想为指引，深入贯彻习近平总书记关于共建“和平之路、繁荣之路、开放之路、创新之路、文明之路”的“五路”新部署、新要求，以强化互联互通为基础，以深化对外交流为纽带，以健全平台机制为支撑，着力扩大经贸投资，着力推进国际产能合作，奋力夺取我省参与“一带一路”建设的阶段性重大成效。

一、深化国际合作交流

聚焦重点国家、重大活动，务实推进对外友好往来和合作交流，进一步凝聚合作共识。

(一)积极参与国家重大外交活动。积极主动参与 2018 年中非合作论坛、中俄地方合作交流年、中国国际进口博览会等国家重大国际交流活动，组织我省有关企业和单位开展系列经贸推介、文化交流，争取达成一批重大合作成果。落实 2017 年“一带一路”国际合作高峰论坛我省有关合作成果，加快推动项目落地，谋划好 2019 年高峰论坛我省合作项目。(责任单位：省外侨办、省发改委、省商务厅，省直有关部门，各部门按照职能分工分别落实，下同)

(二)深化沿线国家友城交往。深入推进我省与美、俄、日、韩等国友好城市合作，谋划拓展非洲、拉丁美洲等一批友城，组织实施江西“彼尔姆日”、韩国全罗南道江西经贸文化周、日本岐阜友好省县 30 周年等一批友城交往活动。依托海外友城，开展好 2018 年省领导友好访问活动各项工作，密切友城间的高层交往，促进经贸合作、人文交流。(责任单位：省外侨办，省直有关部门)

（三）精心筹办好重大对外推介活动。组织好第5届世界绿色发展投资贸易博览会、2018年世界VR产业大会、江西国际旅游消费节等重大活动，推介江西文化旅游生态产业优势，积极展示江西形象、扩大江西影响。（责任单位：省商务厅、省工信委、省旅发委，省直有关部门）

二、加快基础设施互联互通

加快全省铁路、航空等基础设施建设，全面构建通江达海、联通内外的对外开放通道。

（四）加快陆海通道建设。完善我省对外快速通道，开工建设昌景黄铁路，加快昌吉赣客专、赣深客专、安九客专建设，加快长赣铁路、昌九客专、瑞梅铁路项目前期工作。稳定开行我省至宁波、福州、厦门铁海联运，拓展通达沿海港口的集装箱快速班列。（责任单位：省发改委、省商务厅、省铁路投资集团公司、中国铁路南昌局集团有限公司）

（五）推进空中走廊建设。加快完成昌北国际机场T1航站楼改造、赣州黄金机场改扩建主体工程等项目建设，完善全省机场网络布局。积极争取国家第五航权开放试点，积极引进基地航空，探索打造临空经济区进出口贸易电子商务集中（结算）平台。积极开拓我省至俄罗斯、新加坡等国家的航线航班。（责任单位：省发改委、民航江西监管局、省机场集团）

（六）完善物流体系建设。加快赣州国际港、向塘铁路物流基地、九江长江流域性航运中心等重大物流枢纽建设，推进昌北国际机场航空物流港建设，着力打造航空陆地运输无缝对接的现代物流体系。（责任单位：省发改委、省商务厅、省交通运输厅、南昌铁路局、民航江西监管局、省机场集团）

（七）推进中欧班列建设。稳定开行赣欧（亚）班列，着力提升班列数量和质量，推动班列与产业联动发展，打造高效便捷的国际货运走廊。积极强化赣州、南昌等城市货源集并能力，整合出口资源、优化班线服务、完善有效供给，不断提升班列效率和效益。（责任单位：省商务厅、省财政厅、南昌铁路局、南昌海关、江西出入境检验检疫局、中国铁路集装箱公

司南昌分公司，有关设区市政府）

三、深入推进国际产能合作

以产业双向合作为主抓手，以境外产业园区建设为主攻方向，着力加大对外投资并购力度，带动优势产能、优质装备、适用技术输出，提升国际产能和装备制造合作成效。

（八）推进优势产业合作。深化航空及汽车制造、光伏新能源、轻工机械、有色金属、生物医药等产业对外合作。重点支持汉腾汽车与俄罗斯德尔维斯汽车生产合作、江西昌兴航空公司与意大利直升机生产合作，晶科能源马来西亚光伏组建工厂二期扩能、美国新建年产 400 兆瓦太阳能电池组件生产线等项目建设。（责任单位：省工信委、省商务厅、省农业厅、中国进出口银行江西省分行、中国信保南昌营管部）

（九）加快对外投资并购。支持省内企业通过绿地投资、股权并购等方式，快速拓展海外市场；鼓励并购欧美企业品牌，引进先进技术和企业管理经验。重点支持省铁路投资集团与黎巴嫩银行股权合作项目，江西国际公司尼日利亚民爆合作项目，江西赣锋锂业股份有限公司收购澳大利亚里德工业矿物公司股份项目，赣州腾远钴业新材料股份有限公司投资刚果（金）铜钴湿法冶炼等项目建设。（责任单位：省商务厅、省发改委、国家外汇管理局江西分局、中国进出口银行江西省分行、中国信保南昌营管部）

（十）深化境外产业园区建设。实施好江西国际公司赞比亚江西产业园建设，组织好省内相关企业入园，打造江西产业海外集聚区。推进江西华美马来西亚现代农业产业园、华坚鞋业埃塞俄比亚国际轻工业城等项目。（责任单位：省商务厅、省国资委、省农业厅、省发改委、省工商联、省科技厅）

四、拓展外经贸合作成果

大力开拓沿线地区市场，扩大外贸进出口规模，提升对外招商质量效益，持续推动外贸、外资融合发展，力争全年实际利用外资增长 9%、对外工程承包营业额增长 8%。

（十一）加大对外招商力度。深入开展好招大引强“三百工程”，积极引进一批世界 500 强企业来赣投资。筹办好第 17 届赣港经贸合作活动暨首届赣深经贸合作交流会、亚布力中国企业家夏季高峰论坛、第 16 届赣台经贸文化合作交流会等重大招商活动，达成一批项目合作。加大对欧美、日韩国家产业招商力度，围绕智能制造、现代服务业开展专题招商活动，引进一批优质外资项目。（责任单位：省商务厅）

（十二）促进外贸转型发展。深入实施外贸优进优出战略，优化对外贸易的产品结构、市场结构、贸易方式结构，提升国际竞争力。努力培育出口品牌，大力推动生产企业出口，推动出口优势产业与知名跨境电商平台合作，促进内外贸一体化。（责任单位：省商务厅）

（十三）提升对外工程承包。推进我省海外工程承包项目建设，着力打造一批“江西建设”样板工程；鼓励龙头企业探索海外工程承包新模式，带动产业、设备和劳务出口。重点加快江西国际公司赞比亚卢萨卡至恩多拉收费公路 400KM 项目、江西中煤赞比亚 JALALA 军营项目、江西中鼎国际公司阿尔及利亚社会福利房建设、江西省建工集团孟加拉达卡居民住宅楼建设等项目进展。（责任单位：省商务厅、省国资委、中国进出口银行江西省分行、中国信保南昌营管部）

五、务实开展人文交流合作

发挥我省旅游、文化、医疗等特色优势，实施一批合作交流，深化双方互信和人员往来。

（十四）拓展旅游合作。开展江西省“一带一路”境外旅游营销计划，针对美日韩等入境市场做好“江西风景独好”宣传，持续吸引国际游客来赣旅游。举办好全省旅发大会、国际旅游消费节等推介活动。（责任单位：省旅发委、省商务厅）

（十五）大力引进海外人才。继续开展好“海外人才江西行”“海智惠赣鄱”活动，举办好“珠三角引智座谈会”等人才专场招商活动，积极引进海外“高精尖缺”人才，促进赣籍海外人才回归。加快推进引才引智创新创业示范基地试点建设，探索建立海外人才工作站等重大引才引智平台。办好国际友城科技人才培训交流活动。(责任单位：省外国专家局、省商务厅、省科技厅)

(十六)深化教育合作。继续实施“留学江西”行动计划，提升招收沿线留学生的数量、质量。加快我省海外孔子学院建设，推动华东交大、东华理工在俄罗斯、尼泊尔开设孔子学院(孔子课堂)，深化南昌大学俄语中心建设，筹划南昌大学与巴什基尔国立大学共建汉语研究中心。促进省内高校参与沿线高校联盟。实施好“一带一路”沿线国家江西教育海外展、中俄青少年国际文化节等活动。(责任单位：省教育厅)

(十七)实施文化交流。加快推进葡萄牙里斯本中国文化中心建设，争取年内开业运营。开展好“江西文化年”、江西文化遗产国际巡展等活动，持续推动我省傩舞傩戏、瓷器瓷乐、油画、杂技等文化产品走出去。支持抚州申报汤显祖国际戏剧节。(责任单位：省文化厅)

(十八)加强医疗卫生合作。推动与沿线国家医疗卫生合作，强化红十字会交流，实施好2018年医护人员海外研修培训计划和援外医疗工作。加快江西中医药大学岐黄国医外国政要体验中心建设，继续向海外推广热敏灸技术，建设中医药海外中心。筹办好世界中医药大会第四届夏季峰会，打造中医药发展产业论坛。(责任单位：省卫生计生委、省红十字会、省工信委、省教育厅)

六、强化平台建设

统筹整合各方资源，推进重点城市平台、口岸平台、大通关体系建设，打造全省“一带一路”重要支撑。

(十九)推进节点城市建设。支持南昌、赣州打造连接“一带一路”节点城市，不断做大做强进出口贸易、产业双向投资、口岸平台建设等综合优势，建设连接“一带一路”大通道、开放型经济试点示范区、国际货物集散地、产业双向合作示范区。加快打造景德镇“一带一路”文化节点城市，组织编制景德镇创建陶瓷文化传承创新示范区实施方案，建设国家对外文化交流重要节点和“一带一路”文化合作重要支撑。争取国家设立进景德镇陶瓷文化综合保税区。(责任单位：省发改委、省商务厅、省文化厅、南昌海关、江西出入境检验检疫局)

(二十)深化口岸平台建设。进一步提升全省口岸开放水平，持续推进赣州、南昌铁路口岸建设。推动全省国检监管场所整合优化，支持赣江新区建设首个国际多式联运海关监管中心，推动赣州铁路集装箱场站建设监管作业场所，争取纳入国铁路网运营。着力强化赣州、南昌综合保税区内涵，推动九江等地出口加工区转型为综合保税区。(责任单位：省发改委、省商务厅(口岸办)、南昌海关、江西出入境检验检疫局、中国铁路南昌局集团有限公司)

(二十一)完善大通关体系。全面推广使用国际贸易“单一窗口”国家版，按照国家部署要求实现标准版所有功能在全省的应用拓展；全面推进检验检疫一体化和无纸化，节约综合成本。巩固与满洲里、厦门海关等沿边、沿海关检协作，提升通关便利性。开展好一批出口质量安全示范区建设。(责任单位：省商务厅(省口岸办)、南昌海关、江西出入境检验检疫局)

七、完善工作机制

(二十二)加大统筹协调力度。省参与“一带一路”建设领导小组办公室持续发挥好统筹协调职能，定期召开省直部门工作会议，加强部门信息沟通和政策协同，推动重点工作落实、重大项目落地。(责任单位：省发改委、省商务厅、省外侨办)

(二十三)完善对外联络机制。深化友城联系，进一步完善友城对接等各项工作机制。建立企业海外联络平台，完善全球商协会合作网络，密切与国内外江西商会及侨团联系，做大做强赣商联合总会。强化与驻外经商办事处、外国驻华使馆、金融保险等机构的联系，加强驻广东、香港、德

国等经济联络和招商中心建设，建立北京、上海、深圳等经济联络和招商中心。(责任单位：省外侨办、省商务厅)

(二十四)强化政银企合作机制。持续发挥省直部门与金融保险机构合作机制，共同举办政银企对接活动和企业洽谈会，推进项目合作。推动我省有关部门与中国出口信用保险公司南昌营业管理部签署战略合作框架协议，推动落实省内重点项目保障。持续完善内保外贷政策，鼓励融资渠道和金融业务创新。引导金融保险部门对纳入省“一带一路”建设重点项目库的项目，在政策允许范围内在项目融资、利率优惠等方面予以倾斜。(责任单位：省发改委、省商务厅、省财政厅、省政府金融办、江西银监局、江西保监局、国家开发银行江西省分行、中国进出口银行江西省分行，中国信保南昌营业管理部，有关商业银行)

(二十五)健全项目监管和风险防控机制。强化对外投资项目监管，建立重大项目专项检查和随机抽查机制，实施企业对外投资不良信用记录的收集和发布，引导企业稳健有序开展对外投资合作。做好项目风险防控和安全保障，持续发挥企业“走出去”综合信息服务及宣传平台、“一带一路”信用保险国际产能合作服务平台等功能，帮助企业项目规避风险、确保安全。(责任单位：省商务厅、国家外汇管理局江西局、省发改委、省外侨办、中国信保南昌营管部)

(二十六)强化企业互助机制。加强江西走出去企业联盟建设，带动海外工业企业走出去联盟、海外资源能源开发联盟、海外农业投资联盟、民营企业走出去联盟发展。创新开展“赣企+央企”“赣企+赣商”等融合发展模式，培育若干对外投资联合体和行业联合会，推动省内企业抱团发展。(责任单位：省商务厅、省国资委、省工信委、省农业厅、省工商联、省发改委)

(二十七)加强宣传引导。组织中央和省级媒体加强对我省参与“一带一路”共建的宣传报道，传递江西好声音，营造良好舆论氛围。积极对接“中国一带一路网”，做好我省“一带一路”共建成果信息的报送工作，展示江西合作成果。(责任单位：省发改委、省商务厅、省外侨办，省有关部门)

附件：江西省2018年参与“一带一路”建设重点项目清单

序号	项目名称	国别	类别	金额	建设内容	实施单位（企业）
基础设施建设类						
1	南昌至赣州铁路建设项目（含赣深高铁江西段）	国内	基础设施建设	496.6亿元	主要建设内容为南昌至赣州铁路（赣州至深圳高铁江西段），项目工期预计72个月	昌九城际铁路股份有限公司
2	赞比亚卢萨卡—恩多拉320公里沥青道路升级项目	赞比亚	工程承包	12.46亿美元	该项目位于赞比亚卢萨卡（LUSAKA）—恩多拉（NDOLA）地区，主要建设内容是实施320公里沥青道路升级等工程建设，项目工期预计24个月	中国江西国际经济技术合作有限公司
3	赞比亚卢萨卡肯尼斯·卡翁达国际机场升级扩建项目	赞比亚	工程承包	3.6亿美元	该项目主要建设内容是实施肯尼斯·卡翁达国际机场升级扩建等工程建设，项目工期预计28个月	中国江西国际经济技术合作有限公司
4	赞比亚军营项目	赞比亚	工程承包	2.02亿美元	该项目主要建设内容是陆军军营工程建设，项目工期预计48个月	江西中煤建设集团有限公司
5	赞比亚卡布维至彭索罗330KV输变电项目	赞比亚	工程承包	1.34亿美元	该项目主要建设内容是承建赞比亚卡布维至彭索罗330KV输变电线路	中国江西国际经济技术合作有限公司

续表

序号	项目名称	国别	类别	金额	建设内容	实施单位（企业）
6	赞比亚太阳能卫生健康项目	赞比亚	工程承包	8000万美元	该项目位于赞比亚境内，主要建设内容是在其境内实施1200个卫生站站点的工程建设，项目工期预计24个月	赣州亿通对外经济技术合作有限公司
7	赞比亚洗车房建设	赞比亚	工程承包	4000万美元	该项目位于赞比亚境内，主要建设内容是在其境内实施800个洗车房站点的工程建设，项目工期预计24个月	赣州亿通对外经济技术合作有限公司
8	赞比亚日产200吨大型太阳能磨面站	赞比亚	工程承包	945万美元	该项目位于赞比亚卢安夏和姆巴拉，主要建设内容是实施日产200吨的磨面站的工程建设，项目工期预计12个月	赣州亿通对外经济技术合作有限公司
9	孟加拉Jhilmil住房建设项目	孟加拉	工程承包	12.4亿美元	该项目主要建设内容是公务员保障性住房工程建设，项目工期预计36个月	江西省建工集团有限责任公司
10	孟加拉达卡Mawa至Shantinagar段高架桥建设项目	孟加拉	工程承包	5.37亿美元	该项目主要内容是实施四车道高架桥建设项目工期为四年，运维期21年	江西建工集团
11	孟加拉太阳能发电站项目	孟加拉	工程承包	3.9683亿美元	该项目主要建设内容是建设一个250兆瓦太阳能发电站，运维期15年	江西建工集团

续表

序号	项目名称	国别	类别	金额	建设内容	实施单位（企业）
12	肯尼亚加里萨50MWp太阳能电站项目	肯尼亚	工程承包	1.38亿美元	该项目主要建设内容是50MWp太阳能电站等工程建设，项目工期预计36个月	中国江西国际经济技术合作有限公司
13	肯尼亚Nuno-Modogashe（C81）道路施工项目	肯尼亚	工程承包	5.4275亿美元	该项目主要建设内容为Nuno-Modogashe公路，项目工期预计36个月	江西中煤建设集团有限公司
14	肯尼亚融资、设计和建造Nayuki多功能大坝水利工程项目	肯尼亚	工程承包	6500万美元	该项目大坝高38米，包括水处理厂建设与其他设施安装，如水箱、管道扩张和一个小型发电厂	江西省水利水电建设有限公司
15	肯尼亚公务员低造价房融资项目	肯尼亚	工程承包	2亿美元	该项目总共8000套保障房，占地面积约51英亩	江西省水利水电建设有限公司
16	贝宁中部及南部地区的11个多功能水利枢纽建设工程项目	贝　宁	工程承包	5亿美元	该项目位于贝宁中部及南部地区，包含11个多功能水利枢纽的建设，用于39.4亿立方米的供水、250万吨农产品的生产、6.8万吨鱼苗的培育生产等用途	江西省水利水电建设有限公司
17	贝宁VOS水利枢纽工程项目	贝　宁	工程承包	5亿美元	大坝长3600米，最大坝高42米，兼供水、灌溉和发电为一体的综合水利枢纽	江西省水利水电建设有限公司

续表

序号	项目名称	国别	类别	金额	建设内容	实施单位（企业）
18	贝宁 BET 水利枢纽工程项目	贝　宁	工程承包	3亿美元	大坝长9396米，最大坝高40米，兼供水、灌溉和发电为一体的综合水利枢纽	江西省水利水电建设有限公司
19	贝宁政府大楼项目	贝　宁	工程承包	4000万美元	该项目位于贝宁首都，工程主要内容是建设政府大楼，工期2年	江西建工集团
20	加纳城市供水项目	加　纳	工程承包	1亿美元	为城市居民提供用水，包括大坝、水处理厂及供水管道	江西省水利水电建设有限公司
21	埃塞俄比亚糖厂建设项目	埃塞俄比亚	工程承包	6.47亿美元	该项目位于埃塞俄比亚西南部OMO地区，主要建设内容是实施甘蔗日处理量24000 TCD的OMO-KURAZ 5糖厂项目EPC工程建设。项目工期预计48个月	江西江联国际工程有限公司
22	埃塞KURAZ大坝及溢洪道项目	埃塞俄比亚	工程承包	1.5亿美元	该项目主要建设内容是为甘蔗种植及糖厂提供灌溉及生产用水，灌区设5座糖厂，总灌溉面积为17.5万公顷	江西省水利水电建设有限公司
23	几内亚城市化发展项目	几内亚	工程承包	3亿美元	该项目主要建设内容为几内亚政府办公大楼	江西江联国际工程有限公司

续表

序号	项目名称	国别	类别	金额	建设内容	实施单位（企业）
24	印度尼西亚东加三期燃煤电厂扩建工程项目	印度尼西亚	工程承包	3.3亿美元	该项目主要建设内容是燃煤电厂扩建工程建设，项目工期预计30个月	江西久盛国际电力工程有限公司
25	印尼金光PD43 * 70MW项目	印度尼西亚	工程承包	1.58亿美元	该项目位于印度尼西亚距雅加达80kM的KARAWANG，主要建设内容是实施3×70MW电站项目工程建设。项目工期为28个月	江西江联国际工程有限公司
26	印尼金光2 * 55MW电站项目	印度尼西亚	工程承包	8090万美元	该项目位于印度尼西亚东南苏拉威西，主要建设内容是实施2 * 55MW电站项目工程建设。项目工期预计26个月	江西江联国际工程有限公司
27	印度尼西亚PLTA BATANG TORU-8（巴当多鲁8）水电站工程	印度尼西亚	工程承包	3000万美元	该项目主要建设内容为在印度尼西亚建立一座BT-8水电站，装机容量15MW。项目计划工期2年，建成后可连续运营25年	江西省水利水电建设有限公司
28	长江港务公司码头技改工程	国　内	基础设施建设	3.98亿元	该项目主要建设内容为瑞昌市长江港务公司原2号到6号码头改造提升。码头使用岸线632米，建设5000吨级泊位5个，设计年吞吐量3750万吨	瑞昌市投资有限责任公司

续表

序号	项目名称	国别	类别	金额	建设内容	实施单位（企业）
29	尼泊尔 Yambling Khola 水电项目	尼泊尔	工程承包	1746 万美元	该项目主要建设内容为实施尼泊尔 Yambling Khola 水电（径流式）项目	中鼎国际工程有限责任公司
产业投资合作类						
1	与乌克兰 DB 直升机公司工业化合作项目	国　内	先进制造业	3000 万美元	双方在景德镇组建合资公司，建立组装生产 200 架 2 座轻型直升机生产能力，并陆续引进 3 座、6 座直升机等机型在国内生产	北京通用航空江西直升机有限公司
2	俄罗斯乌法市拖拉机组装生产项目	俄罗斯	农　业	2.6 亿美元	拟购买当地 90 公顷土地，建设农机、煤机、拖拉机和农用车等组装厂	江西直方数控动力有限公司
3	俄罗斯巴什基尔直方国际集团公司	俄罗斯	制造加工	4056 万美元	设立巴什基尔直方国际集团公司	江西直方数控动力有限公司
4	俄罗斯彼尔姆边疆区金木木材加工基地项目	俄罗斯	林　业	3000 万美元	该项目主要建设内容投资 2 亿元，在彼尔姆边疆区开展木材加工产业园建设，园区占地 10 公顷。项目建成后，可实现年加工木材 20 万立方生产能力	江西金木建材有限公司

续表

序号	项目名称	国别	类别	金额	建设内容	实施单位（企业）
5	俄罗斯奔萨州农业产业示范园项目	俄罗斯	农　业	1.45 亿美元	建设日处理粮食 500 吨的烘干厂三座，日处理 1000 吨的烘干厂三座；及粮食存储区、饲料厂、蔬菜加工厂、屠宰场、冷库等相关农业设施	江西万年鑫星农牧有限公司
6	环保地砖项目	俄罗斯	建　材	1000 万美元	该项目主要建设内容是投资实施硅酸盐板生产线建设，项目建设后可实现年产 600 万平方米节能板材	江西远洋威利实业有限公司
7	江西铜业公司开发墨西哥渣选矿合作项目	墨西哥	矿　业	6500 万美元	江西铜业公司拟投资 6500 万美元在墨西哥拉卡里达铜冶炼厂开展，建设配套炉渣选矿厂，建设规模日处理炉渣 5000 吨	江西铜业股份有限公司
8	晶科能源美国年产 400 兆瓦太阳能电池组件生产线建设项目	美　国	光　伏	6000 万美元	晶科能源有限公司投资 6000 万美元在美国佛罗里达州杰克逊维尔市新建年产 400 兆瓦太阳能电池组件生产线。主要包括租赁厂房、仓库及附属设施，购置生产装配	晶科能源有限公司

续表

序号	项目名称	国别	类别	金额	建设内容	实施单位（企业）
9	年产3000吨婴幼儿米粉生产基地建设	泰国	制造加工	500万美元	该项目位于泰国泰中罗勇工业园内，占地约12亩，建筑面积1万多平方米，项目建设期2017年1月至2018年8月，项目达产后预计生产婴幼儿营养米粉3000吨	江西人之初营养科技股份有限公司
10	印度尼西亚明古鲁省IBP矿业公司煤矿井工建设和开采项目	印度尼西亚	矿业	3458万美元	该项目主要建设内容为矿井建设，规模90万吨/年	萍乡矿业集团有限责任公司
11	印尼年产3万吨天然橡胶加工厂建设项目	印度尼西亚	制造加工	2740万美元	与印尼永恒集团合资设立印尼洪明实业有限公司，投资开展新建年产3万吨天然橡胶加工产建设	南昌市国金工业投资有限公司
12	尼日利亚工业炸药生产线建设项目	尼日利亚	制造加工	3200万美元	该项目主要建设内容为新增两条年产6000吨乳化炸药生产线，同时规划预留一条其他品种的年产12000吨工业炸药生产线	江西国泰民爆集团股份有限公司

续表

序号	项目名称	国别	类别	金额	建设内容	实施单位(企业)
13	赞比亚或刚果(金)民用爆破器材生产、销售及爆破服务一体化投资项目	赞比亚或刚果(金)	工 业	1591 万美元	在赞比亚或刚果(金)设立一家合资公司，共同投资开发民用爆破器材(工业炸药和雷管)生产、配送及爆破服务一体化项目的建设、管理及运营等	江西国泰民爆集团股份有限公司
14	腾远钴业刚果(金)铜钴湿法冶炼项目	刚果(金)	矿 业	3554 万美元	该项目位于刚果(金)，总投资 3554 万美元，项目完成后可以对客户进口钴原料的稳定性产生重大影响	赣州腾远钴业新材料股份有限公司
15	孟加拉 Jhilmil 住房 SPV 项目公司	孟加拉	建筑业	2400 万美元	该项目主要建设内容为设立 Jhilmil 住房 SPV 项目公司	江西建工集团
境外合作园区类						
1	赞比亚江西工业园	赞比亚	制造加工	3 亿美元	该项目位于赞比亚卢萨卡，主要建设内容是建设加工、制造业为主的工业园区。占地 5000 亩	中国江西国际经济技术合作有限公司
2	赞比亚一带一路产业园	赞比亚	制造加工	5000 万美元	该项目位于赞比亚国东方省奇帕塔，主要建设内容是建设烤烟房、渔业养殖及附属产业、建材厂、太阳能应用等的综合性工业园区。占地 410 公顷	赣州亿通对外经济技术合作有限公司

续表

序号	项目名称	国别	类别	金额	建设内容	实施单位（企业）
3	江西（马来西亚）现代农业科技产业园	马来西亚	境外合作区	1.2 亿美元	该项目位于马来西亚砂捞越古晋，主要建设内容是农业种植和加工生产，占地3000公顷	江西省华美食品工业有限公司
4	格鲁吉亚江西商务园区	格鲁吉亚	商贸贸易	2000 万美元	该项目位于格鲁吉亚鲁斯塔维市，占地60亩，建筑面积3万平方米，主要建设内容是建设跨境电商、仓储物流、产品展示为主的商贸园区	江西省丝绸之路投资有限公司
5	乌克兰华罂农业合作园区	乌克兰	境外合作园区	1000 万美元	该项目位于乌克兰敖德萨州，占地500公顷，建筑面积1万平方米。主要建设内容是建设水产养殖、温室大棚、农产品加工厂、冷冻库为主的农业合作园区	江西华罂集团
6	乌克兰江西产品展示中心	乌克兰	境外合作园区	800 万美元	该项目位于乌克兰敖德萨州港口城市南方市，占地30亩，已建三层展馆8000平方米	江西省丝绸之路投资有限公司
7	白俄罗斯共青羽绒加工区	白俄罗斯	境外合作园区	1000 万美元	该项目位于白俄罗斯明斯克市中白工业园内，占地3公顷，主要建设标准厂房，安装服装吊挂流水生产线	共青城市出口服装产业园有限公司

续表

序号	项目名称	国别	类别	金额	建设内容	实施单位（企业）
人文交流合作类						
1	中巴中医药产业园项目	巴基斯坦	中医药	4.61亿美元	该项目位于巴基斯坦旁遮普省拉哈儿市，主要建设内容如下：中医药学院；附属中西医结合医院；中草药种植园；中药加工、医疗耗材及医疗器械工业园；贸易中心。一期项目工期约5年	江西中医药大学
2	援外医疗	突尼斯	医疗卫生	/	派遣医生赴突尼斯国进行医疗救助	省卫生计生委
3	援外创新项目	突尼斯	医疗卫生	/	在突尼斯建立中国中医中心	省卫生计生委
4	援外医疗	乍　得	医疗卫生	/	派遣医生赴乍得国进行医疗救助	省卫生计生委
5	援外创新项目	乍　得	医疗卫生	/	在乍得中乍友谊医院建设眼科中心	省卫生计生委
6	江西海外教育展	俄罗斯	教　育	/	与俄罗斯举办教育展及院校国际合作交流，年内组织江西省海外教育展，促进我省高校和职业院校与俄罗斯在教育联通、合作办学、双向留学、人文交流等作	省外侨办、省教育厅

续表

序号	项目名称	国别	类别	金额	建设内容	实施单位（企业）
7	中俄两河流域青年论坛	俄罗斯	教　育	/	与俄罗斯开展青年合作交流，年内组织中俄两河流域青年论坛，促进中俄人民友谊，加强两国青年交流	省外侨办、省教育厅
8	与俄罗斯联邦卫生部研究中心联合建设质谱科学与仪器俄罗斯研发中心	俄罗斯	科　研	/	联合研发质谱精密仪器、联合培养科研人才、联合申报国际课题	东华理工大学
9	与尼泊尔特里布汶大学联合申办筹建孔子学院	尼泊尔	教　育	/	推广汉语教学、传播汉文化、赣文化，推进其他教学科研相关合作，带动江西省与尼泊尔深度合作	东华理工大学
10	柬埔寨文化旅游推介会	柬埔寨	旅游/文化	/	与柬埔寨国家旅游部开展旅游交流合作，年内组织开展英雄南昌城、江西主要旅游资源推介活动，进行文艺和书法表演，持续吸引该国旅客来赣旅游	省文化厅、省旅发委
11	柬埔寨租赁式太阳能发电技术应用示范	柬埔寨	科　研	/	提高江西在柬埔寨影响力，加快我校科研成果境外转化，提升柬埔寨电力能力，为后期我国家电走出国门奠定基础	东华理工大学

续表

序号	项目名称	国别	类别	金额	建设内容	实施单位（企业）
12	共建“中菲水稻联合实验室”	菲律宾	科研	/	围绕双方水稻产业发展的关键问题，开展联合攻关和技术培训，服务于我省科研院所、龙头企业走出去	江西省农科院
13	“福禄紫枫”中欧合作推广	欧洲	林业	/	与法国萨福公司合作开展福禄紫枫欧洲适应性试验和推广	德兴市荣兴苗木有限责任公司
合计	项目63项，总金额1948844万美元					

附录四 《江西省参与“一带一路”建设 2020 年工作要点》

日前，为贯彻落实习近平总书记关于“一带一路”建设的重要指示批示和系列重要讲话精神，纵深推进江西参与“一带一路”建设，江西印发实施《江西省参与“一带一路”建设 2020 年工作要点》。围绕推动通道、产业、经贸、人文、平台、风险防范等方面建设，提出了 6 个部分、23 项重点工作。

一是加快完善对外开放通道。加快推进陆上、海上、空中、数字通道建设，构建连接“一带一路”的立体化通道。

二是持续深化国际产能合作。依托江西产业基础优势，按照优势互补、互利共赢的原则，推动产业、企业、产品、技术走出去和引进来，增强参与全球产业分工的综合竞争力。

三是不断推动投资贸易升级。在稳定规模的基础上，进一步优化贸易和投资结构，持续拓展“一带一路”的市场空间。

四是着力密切人文交流合作。充分发挥江西陶瓷文化、中医药文化、生态文化等优势，打造一批人文交流品牌，积极建设不同文明互学互鉴的桥梁纽带。

五是积极打造重点开放平台。加快建设南昌智慧空港、九江水港、赣州内陆港等重点开放平台，形成承接大物流集散、大产业集聚、大商贸活动的开放平台。

六是加快建立风险防范机制。全面贯彻落实国家关于“一带一路”建设风险防范的部署要求，健全信息沟通、应急响应、舆情监测等风险防范机制，不断强化参与“一带一路”建设的服务保障。

此外，为提高参与“一带一路”建设的针对性和合作成效，梳理提出了 2020 年“一带一路”合作重点国别和重点项目，涉及 30 个重点国家、42 家企业和单位、52 个合作项目。

附件：江西省参与"一带一路"建设2020年重点国别和重点项目表

重点区域	重点国别	重点企业(单位)	重点项目
1. 亚洲国家	柬埔寨	江西赛维 LDK 太阳能高科技有限公司、江西 3L 医用制品集团股份有限公司	柬埔寨波罗勉省 100MW 光伏电站项目、江西 3L 医用制品集团股份柬埔塞有限公司项目
	老挝	赣州合众工贸有限公司	老挝第一钢铁综合钢厂项目
	缅甸	江西正邦科技股份有限公司、江西四通重工机械有限公司	正邦缅甸勃固年产 30 万吨的饲料加工基地建设项目、正邦缅甸曼德勒年产 24 万吨的饲料加工基地建设项目、饲料厂新建项目、江西四通重工机械有限公司缅甸掘装机项目
	越南	江西辉煌铝业有限公司	越南辉煌铝业有限公司建设项目、越南双胞胎饲料有限公司建设项目
	马来西亚	晶科能源有限公司、江西省华美食品工业有限公司、江西广泉钢艺集团有限公司	晶科能源有限公司马来西亚年产 1000 兆瓦太阳能电池组件及 1000 兆瓦太阳能电池生产线三期项目、江西(马来西亚)现代农业科技产业园项目、马来西亚苯珍广东纪念馆
	哈萨克斯坦	杰特苏钨业有限责任公司	哈萨克斯坦钨矿项目
	孟加拉	中铁大桥局集团第五工程有限公司、中铁九江工程有限公司、江西京九电源(九江)有限公司	帕德玛大桥系列项目、孟加拉达卡新能源动力电池项月

续表

重点区域	重点国别	重点企业(单位)	重点项目
1.亚洲国家	泰国	江西德上科技集团有限公司	婴幼儿营养食品生产基地建设项目
	新加坡	江西正邦科技股份有限公司	海外投资平台项目
	印度尼西亚	萍乡矿业集团有限责任公司	印尼朋古鲁煤矿投资合作开采项目
	巴基斯坦	汉腾汽车有限公司、巴基斯坦ASSAC公司、萍乡市中源瓷业有限公司	汉腾汽车有限公司巴基斯坦CKD项目、萍乡市中源瓷业有限公司巴基斯坦绝缘子项目
	蒙古国	大余县兴旺矿业有限公司、蒙古民族矿业机械有限责任公司	投资收购探矿权项目、矿山机械及备件制造项目
	伊朗	景德镇元华堂陶瓷有限公司	高岭土+苏麻离青"项目
2.非洲国家	埃及	汉腾汽车有限公司、埃及AOI集团、江西正邦科技股份有限公司	汉腾汽车有限公司埃及AOI集团项目、正邦埃及年产24万吨的饲料加工基地建设项目
	刚果(金)	赣州腾远钴业新材料股份有限公司	赣州腾远钴业新材料股份有限公司投资刚果(金)钴铜湿法冶炼厂(二期)项目
	坦桑尼亚	中铁大桥局集团第五工程有限公司	姆特瓦拉港口项目、新塞兰德跨海大桥项目
	乌干达	中水建管国际工程有限公司	乌干达国防医院项目、乌干达商业促进中心项目

续表

重点区域	重点国别	重点企业(单位)	重点项目
2. 非洲国家	赞比亚	中国江西国际经济技术合作有限公司、江西文东实业有限公司、赣州亿通对外经济技术合作有限公司、中国江西国际经济技术合作有限公司、江西铜业、新钢集团、江西省电瓷商会等	江西国际承建赞比亚卢萨卡-恩多拉321公里双向四车道路(T002T003)、卡布韦及卡皮里-坡什支路和卢安夏-费森哥-玛莎佳诺45公里收费公路项目、中阳(赞比亚)生态农业产业园项目、一带一路产业园项目、太阳能健康卫生项目、日产72吨中型磨面项目、赞比亚江西经济合作区项目、江西省电瓷商会入驻赞比亚江西工业园项目
	利比里亚	江西尚佑供应链有限公司	尚佑(利比里亚)家具产业园项目
	肯尼亚	中水建管国际工程有限公司	凯里桥供水项目、班得瑞港务局公寓楼二期工程
	尼日利亚	江西国泰集团股份有限公司	尼日利亚乳化炸药生产线建设项目
	突尼斯	省卫生健康委、江西中医药大学附属医院	援外创新项目
	乍得	省卫生健康委、南昌大学附属眼科医院	中乍友谊医院眼科中心项目
3. 欧盟和美国	法国	万年露德实业有限公司	江西万年稻作文化“华文教育基地”——世界(万年)稻学文化研学基地、世界稻作文化 博览园
	美国	晶科能源有限公司	晶科能源有限公司美国年产400兆瓦太阳能电池组件生产线项目

续表

重点区域	重点国别	重点企业(单位)	重点项目
3. 欧盟和美国	意大利	昌兴航空公司	与意大利合作生产直升机项目
	德国	爱驰汽车有限公司	爱驰汽车德国子公司项目
	丹麦	爱驰汽车有限公司	爱驰汽车有限公司收购丹麦蓝色世界科技控 股公司26.1%股权项目
4. 东欧和俄罗斯	俄罗斯	江西远洋威利实业有限公司	俄罗斯巴什科尔托斯坦共和国环保建材项目
	乌克兰	北京通用航空江西直升机有限公司	与乌克兰DB公司合作生产轻型直升机项目

附录五　2021年江西省参与共建“一带一路”进展成效

2021年，江西紧紧围绕推动“五通”重点任务，全面做好各项工作，参与“一带一路”建设的频度、力度、广度不断拓展。

一是国际交往持续深化。加强中俄“两河流域”地方合作。主动承接亚非欧等27个国家的驻华使节团来赣参访活动，与俄罗斯、乌拉圭等共建“一带一路”国家友好城市开展“云上交流”。打造新余中欧产业园、景德镇陶溪川陶瓷文创街区等一批特色中外友好交流基地，在世界五大洲的37个国家建立了共105个国际友城关系，位列全国中上水平。

二是互联互通水平不断提升。中欧班列开行质效不断提升，截至11月底，全省开行中欧班列371列，通达11个共建国家的26个城市。今年前三季度，开行铁海联运班列1369列，承运进出口集装箱10.96万标箱，开行线路、运量均居全国前列。中国(赣州)跨境电子商务综合试验区与中欧商贸物流合作园区签订“双区联动”合作协议。昌北机场货邮吞吐量增速居全国前列。

三是经贸投资合作有力拓展。今年前三季度，江西对“一带一路”沿线国家直接投资9776.8万美元，6家对外承包工程企业入选ENR全球最大国际承包商250强榜单。肯尼亚肯雅塔大学医院项目、阿尔及利亚奥兰大学项目获中国建设工程“鲁班奖”(境外项目)。赞比亚卢萨卡国际机场升级改造、哥斯达黎加国家体育场升级等一批重点项目顺利移交。

四是投融资便利化水平有效提升。进一步简化跨境人民币结算流程，积极搭建政银企对接交流平台，充分发挥政策性银行信贷支撑作用，支持外贸龙头企业做强做大，为省内优势工程承包企业提供境外工程承包贷款，有力推动“江西建设”走向世界。纵深推进企业上市“映山红行动”，国际资本市场“江西品牌”活跃度不断提升。

五是人文交流日益密切。连续举办国际产学研用合作会议(南昌)。累计在14个国家设立孔子学院，与俄罗斯多所高校签署合作交流协议。